Susanne Thiel
Dr. Nicolai Worm

VEGETARISCH KOCHEN MIT DER LOGI-METHODE

LOGI ohne Fisch und Fleisch? Na klar!
80 innovative und kreative LOGI-Veggie-Rezepte.

Wenige Kohlenhydrate – glutenfrei!

INHALT UND REZEPTVERZEICHNIS.

Suppen. Logisch heiß geliebt!

Hauptspeisen. Grünes Licht für LOGI.

Anhang

Vegetarische Ernährung – die gesündere Alternative?

Vegetarisch zu essen hat in jüngster Zeit einen ungeahnten Aufschwung erlebt. Auffallend viele Stars und Sternchen äußern sich pro-vegetarisch in den Medien. Es ist »in« und »trendy«, fleischlos zu essen – und so kein Wunder, dass sich heute immer mehr junge Menschen von diesem Ernährungsstil angesprochen fühlen. Vor allem aus ethischen Überlegungen heraus. Sie wollen prinzipiell nicht hinnehmen, dass Tiere mitleids- und gnadenlos ausgebeutet und schließlich auch noch getötet werden. Die diversen Fleischskandale tun ihr übriges.

»Vegetare« heißt auf Lateinisch »leben«. Folglich deutet der Begriff »vegetarisch« ursprünglich auf »lebende« Kost hin. Das Prinzip des vegetarischen Gedankens beinhaltet, dass Produkte vom lebenden Tier, wie Milch und Milchprodukte, Eier und Honig akzeptiert werden, und Nahrungsmittel vom toten Tier, wie Fleisch und Fleischwaren, Geflügel und Fisch, zu meiden sind. Nach moderner Definition besteht die Grundernährung des Vegetariers aus pflanzlichen Nahrungsmitteln. Je nachdem, inwieweit zusätzlich noch Nahrungsmittel tierischen Ursprungs mitverzehrt werden, unterscheidet man weiter in Lacto-Ovo-Vegetarier, Lacto-Vegetarier, Ovo-Vegetarier und Veganer.

Bei westlich geprägten Vegetariern verwischen oft die Grenzen zwischen den verschiedenen Kostformen. Weit verbreitet ist die Vorliebe für Rohkost bzw. rohe Frischkost. Alkohol wird nur sehr selten und in Maßen getrunken. Gelegentlich, vor allem im amerikanischen Kulturkreis, wird der Begriff Vegetarier auch für Menschen verwendet, die nur auf rotes Muskelfleisch verzichten, aber weißes Fleisch, also Geflügelfleisch, akzeptieren. Definitionsgemäß sind sie aber keine Vegetarier. Das Gleiche gilt für die sogenannten Lacto-Ovo-Pesco-Vegetarier. Sie sind definitionsgemäß keine Vegetarier, weil sie neben Milch und Eiern auch Fisch verzehren. Und ein Fisch wird schließlich auch getötet, spätestens dann, wenn man ihn isst.

Mit »Pudding-Vegetarier« bezeichnet die Umgangssprache solche Vegetarier, die zwar auf Fleisch verzichten, aber auf die sonstigen Merkmale einer gesundheitsbewussten Ernährungs- und Lebensweise wenig achten.

Vegetarismus als Lebensstil.

Auf der Welt gibt es viele hundert Millionen Vegetarier. Die meisten leben gezwungenermaßen von pflanzlicher Kost, da sie es sich nicht leisten können, die wenige verfügbare Nahrung an Tiere zu verfüttern, um Monate oder Jahre später ein tierisches Produkt zu erhalten. Ein anderer Grund für fleischlose Ernährung kann die Religion sein.

In Indien leben, so schätzt man, 400 bis 500 Millionen Vegetarier, meist Hindus. Auch in der westlichen Welt leben heute zahlreiche religiös organisierte, durch Gebote oder Regeln ihres Glaubens zum Fleischverzicht angehaltene Vegetarier.

Lacto-Ovo-Vegetarier lehnen den Verzehr von Fleisch und Fleischwaren von warm- oder kaltblütigen Tieren generell ab. Sie reichern ihre Pflanzenkost mit Milch, Milchprodukten, Eiern und Eiprodukten an. Zu dieser Gruppe zählt die überwiegende Mehrheit aller Vegetarier westlicher Prägung.

Lacto-Vegetarier verzichten zusätzlich auf den Verzehr von Eiern, akzeptieren aber Milch und Milchprodukte.

Ovo-Vegetarier essen zwar Eier, verzichten aber auf Milch und deren Produkte.

Veganer lehnen den Verzehr sämtlicher Nahrungsmittel ab, die von Tieren stammen. Sie halten somit eine rein pflanzliche Kost ein. Die ganz strengen Veganer verzichten auch auf Honig und lehnen oftmals die Verwendung von Wolle und Leder ab.

Dazu zählen gewisse Gruppierungen, die den fernöstlichen Lehren des Hinduismus und des Buddhismus nahestehen sowie westlich geprägte Gruppierungen wie die »Adventisten vom siebenten Tag« und die »Trappisten«. Man könnte sie als traditionelle Vegetarier einordnen.

Die Menschen aus der westlich orientierten, industrialisierten Welt haben typischerweise andere Gründe, die sie zum Vegetarismus bringen. Und so ist es nicht nur der Fleischverzicht, der Vegetarier von der Durchschnittsbevölkerung unterscheidet. Diese Vegetarier verfügen im Allgemeinen über ein verschärftes Gesundheitsbewusstsein. Sie entstammen einer überdurchschnittlich hohen Bildungs- und Sozialschicht, sie rauchen nicht, trinken nur sehr wenig Alkohol, sie essen viel mehr Gemüse, sowie Obst und Nüsse, sie haben selten Übergewicht, bewegen sich deutlich mehr und betreiben zur Stressbewältigung häufig Entspannungstechniken wie Yoga, autogenes Training oder Meditation. Dass dieser Lebensstil gesundheitsförderlich ist, kann kaum bezweifelt werden. Aus epidemiologischer Sicht trägt in der Tat jeder dieser Lebensstilfacetten signifikant zum Schutz vor Zivilisationskrankheiten bei.

Das gilt es hervorzuheben! Denn wenn heute in den Medien über positive Effekte der vegetarischen Ernährung für die Gesundheit berichtet wird, erscheint es oft, als sei dafür allein der Fleischverzicht verantwortlich. Dabei spricht viel mehr dafür, dass die bessere Gesundheit vieler Vegetarier dem insgesamt sinnvollen Lebensstil zu verdanken ist.

Fest steht: Unsere Vegetarier werden heute weniger häufig von Zivilisationskrankheiten geplagt und haben eine etwas höhere Lebenserwartung als unsere Durchschnittsbürger.

Wie es um die weniger bewusst lebenden Durchschnittbürger heute bestellt ist, weiß jeder, der sehen kann: Zwei Drittel der Erwachsenen in Deutschland sind übergewichtig! Zwanzig Millionen haben schon das metabolische Syndrom und zehn Millionen sind Diabetiker – eine traurige Bilanz. Dass sie mit dieser Voraussetzung ein sehr hohes Risiko aufweisen, frühzeitig an Herz-Kreislauf-Erkrankungen, Krebs und Lungenerkrankungen zu versterben, ist allseits akzeptiert.

Kurze Geschichte des Vegetarismus.

Aus der Antike sind philosophische Ansätze zum Fleischverzicht überliefert und auch im Mittelalter wurde dieser thematisiert. Aber der Begriff »Vegetarier« tauchte erst im 19. Jahrhundert auf. Die Chronologie in aller Kürze:

Im Jahre 1809 proklamierte die Bible Christian Church in England die Abstinenz von Fleisch und Alkohol. Doch erst 1847 gründete sich in London die »Vegetarian Society«, deren Anhänger sich »vegetarians« nannten. Im Jahre 1889 wurde in England der erste internationale Zusammenschluss vegetarischer Gesellschaften unter dem Namen »International Vegetarian Union« gegründet.

In Deutschland fasste diese Bewegung 1867 mit dem »Verein für naturgemäße Lebensweise« Fuß. Der »Deutsche Vegetarier-Bund« wurde im Jahre 1892 gegründet. Am Ende des 19. Jahrhunderts existierten bereits 15 vegetarische Vereine in Deutschland. Anfang des 20. Jahrhunderts kamen unter anderem der »Deutsche Vegetarier-Verband«, der »Treubund für aufsteigendes Leben« und die »Mazdaznan-Bewegung« hinzu. Aus politischen Gründen musste die Arbeit dieser Vereine während des zweiten Weltkriegs größtenteils ausgesetzt werden. Nach dem zweiten Weltkrieg bildeten sich schnell wieder neue vegetarische Gruppen, unter anderem der »Bund für Lebenserneuerung«, die »Deutsche Reform-Jugend«, die »Deutsche Mazdaznan-Bewegung« sowie der »Waerland-Bund«.

Wie viele Vegetarier heute weltweit leben, kann nicht genau ermittelt werden, da nur die wenigsten organisiert sind. Zudem ist die Definition »Vegetarier« nicht einheitlich. Grob geschätzt, beläuft sich ihre Zahl weltweit auf rund eine Milliarde Menschen. Der Großteil von ihnen lebt wohl, wie bereits erwähnt, eher unfreiwillig vegetarisch – aus wirtschaftlich-finanziellen, ökologischen oder religiösen Gründen. Wohingegen in den Industrieländern die meisten Vegetarier freiwillig auf Fleisch verzichten. Repräsentative Erhebungen gehen von ein bis zwei Prozent der Gesamtbevölkerung in Deutschland aus. Nach Schätzungen von Vegetarierverbänden leben in der Bundesrepublik Deutschland zurzeit allerdings etwa 6,6 Millionen Menschen vegetarisch. Das entspricht etwa acht Prozent der Bevölkerung.

Nur in England und Italien scheinen prozentual betrachtet noch mehr Menschen (etwa neun bzw. zehn Prozent der Gesamtbevölkerung) fleischlos zu leben. In den meisten anderen westlichen Industrieländern wird ihr Anteil auf zwei bis vier Prozent geschätzt. Wie hoch der Anteil von Veganern unter den Vegetariern ist, lässt sich noch schlechter beurteilen. Aber man kann davon ausgehen, dass es weniger als zehn Prozent sind.

Unterschiedliche Motive.

Bei der Mehrheit der Menschen, die zum Vegetarismus wechseln, stehen ethisch-religiöse Überlegungen an erster Stelle, gefolgt von gesundheitlichen Überlegungen, dem Wunsch einer körperlichen und geistigen Leistungssteigerung sowie diversen anderen Gründen. Dabei dominiert in jüngster Zeit offenbar der ökologische Gesichtspunkt.

In den letzten vier Jahrzehnten finden sich in westlich geprägten Industriegesellschaften auch immer mehr Vegetarier »neuer« Prägung. Sie unterwerfen sich oft keinen traditionellen Regeln bestimmter Gruppierungen, sondern mischen Ernährungsrichtlinien und Lebensphilosophien unterschiedlichster Herkunft miteinander, um daraus neue, eigene Ernährungsregeln zusammenzustellen. Diese neuen vegetarischen Lebens- und Ernährungsweisen unterscheiden sich nicht nur in der Frage, ob und wie viel tierische Kost verzehrt werden soll. Zusätzlich treten weitere Abweichungen von der Norm auf: Das Konsumverhalten basiert oft auf philosophischen und pseudoreligiösen Glaubenssätzen. Oftmals werden zum Beispiel auch verschiedene Herstellungsweisen und Darreichungsformen von pflanzlichen Produkten abgelehnt: zum Beispiel solche Produkte, bei deren Produktion von Tieren stammende, nicht deklarierungspflichtige Verarbeitungshilfsstoffe eingesetzt werden; etwa tierisches Labenzym in Käse oder tierische Proteine zur Schönung von Fruchtsäften oder Wein.

Zweifelhafte Thesen.

Manche Anhänger des klassischen Vegetarismus vertreten die Ansicht, dass der Mensch von seiner Anlage her nicht als Omnivore (Allesesser) zu betrachten ist, wie auch Schwein, Bär, Dachs und andere Säugetiere. Der Mensch sei ursprünglich ein Frugivore, also ein Früchteesser, wie viele Vögel und Affen. Zwar hätte die Menschheit nur durch die Umstellung auf tierische Kost die Eiszeit überleben können, aber für diese Abkehr von ihrer eigentlich biologischen, frugivoren Urheimat mit einer entsprechend hohen Sterberate und einer kurzen Lebenserwartung büßen müssen. Gelegentlich wird auch bekräftigt, dass der Verzehr toter Tierkörper die Abwehrkraft des Menschen überfordere und ihn auf diese Weise in seiner Kraft und Überlebensfähigkeit herabsetze. Demgegenüber wird der vegetarischen Ernährungsweise eine lebensfördernde Eigenschaft zugeschrieben. Solche philosophisch geprägten Vorstellungen sind allerdings wissenschaftlich nicht haltbar!

Die Entwicklung zum Allesfresser.

Die Wiege der Menschheit ist mit größter Wahrscheinlichkeit Ostafrika. Vor etwa sieben Millionen Jahren entstand die Linie der Hominiden, die sich im Laufe der folgenden vier Millionen Jahre in verschiedene Linien von »Vormenschen« aufzweigte. Aus einer Linie ging dann vor etwa 2,3 Millionen Jahren der erste direkte Vorfahre des Menschen hervor, der Homo habilis. Diese Linie entwickelte sich weiter bis hin zum anatomisch modernen Menschen, dem Homo sapiens sapiens, der vor etwa 140.000 Jahren erstmals auftauchte.

Die Zeit der Entwicklung vom Vormenschen zum Homo sapiens war von dramatischen Klimaveränderungen geprägt. Eiszeiten hatten die Flora radikal verändert. Große Bereiche der riesigen Regenwälder Afrikas schrumpften und versteppten. So mussten unsere ältesten, noch affenartig auf den Bäumen lebenden Vorfahren ihren Lebensraum auf karge Steppen und Savannen erweitern. Es wird angenommen, dass sie in diesen Umweltbedingungen den aufrechten Gang als Überlebensvorteil entdeckten. Die gewohnte Kost aus Blättern, Früchten und Beeren war dort aber nicht mehr oder zumindest nur noch eingeschränkt verfügbar.

Auch andere, wahrscheinlich eher selten auffindbare pflanzliche Nahrung – wie Wurzeln, wilde Gemüse, Samen von wilden Gräsern und Nüsse – dürfte für die zunehmende Population nicht mehr ausgereicht haben. So wurden vermutlich Insekten, Maden und Würmer als willkommene Nahrungsergänzungen entdeckt. Später gehörten Ratten, Mäuse, Echsen und andere Reptilien, Vögel und deren Eier zu den begehrten Speisen.

Auch Aas – das die großen Raubtiere übrig ließen – lernten unsere Vorfahren als vergleichsweise einfach zu ergatternde Nahrung schätzen; vor allem Hirn und Knochenmark. Mit der Zeit entwickelten sie dann Waffen und verbesserte Jagdtechniken. Dadurch konnten sie immer größere Land- und später auch Wassertiere als Nahrungsquelle nutzen.

Erst vor etwa 10.000 Jahren wurden die Menschen sesshaft und begannen mit der Kultivierung von Nahrungsmitteln. Während 99,5 Prozent ihrer Entwicklungsgeschichte lebten sie also als Jäger und Sammler! Dabei entwickelte sich der Mensch vom reinen Pflanzenesser zu einem Omnivoren, einem Allesesser. Dabei war ein Ernährungsmuster noch bis in die Neuzeit bei der Mehrheit der als Jäger und Sammler lebenden »Naturvölker« vorzufinden: In kälteren Klimazonen nahm tierische Kost einen größeren Anteil ein, während in wärmeren Klimazonen die Betonung auf pflanzlicher Kost lag.

Der deutsche Ernährungswissenschaftler Dr. Alexander Ströhle von der Universität Hannover hat kürzlich noch einmal die Daten zur Ernährungsweise bei archaisch lebenden Naturvölkern analysiert. Er konnte belegen, dass die Naturvölker, deren Lebensraum Gras- und Steppenlandschaften sind, vor allem pflanzliche Kost nutzen (Ströhle et al. 2011).[1] Im Durchschnitt verzehrten sie 35 Prozent der Energie in Form von Kohlenhydraten. Je weiter Naturvölker vom Äquator entfernt lebten, je kälter also das Klima, desto weniger essbare Pflanzenkost stand zur Verfügung. Zwangsläufig minderte sich der Kohlenhydratanteil an der täglichen Gesamtenergiezufuhr: bis auf etwa zehn Prozent.[2] Kurz: In kalten Gegenden mussten sich Menschen wie Carnivoren ernähren, also wie die spezialisierten Fleischfresser, wenn sie nicht verhungern wollten.

Unsere anatomischen Merkmale kann man ebenfalls heranziehen, um die Gewichtung der Nahrung in der Entwicklungsgeschichte des Menschen einzuordnen. Der Aufbau unseres Verdauungssystems – von der Form und Anordnung der Zähne, über die Länge des Verdauungstraktes bis zur Funktion der Verdauungsenzyme – und insbesondere das Verhältnis der Länge des Verdauungstraktes zum Außenabstand zwischen Mund und After – platziert den Menschen zwischen die beiden Extreme: reine Fleischfresser mit ihrem kurzem Verdauungstrakt einerseits und reine Pflanzenfresser mit langem Verdauungstrakt andererseits. Der Mensch ist demnach ein »Allesfresser« (Omnivore).

Man muss sogar davon ausgehen, dass der Mensch sich in der Evolution gerade deswegen gegenüber anderen Lebewesen durchsetzen konnte, weil er während seiner Entwicklungsgeschichte so anpassungsfähig auf das Nahrungsangebot reagierte.

Fazit: Wir können heute getrost davon ausgehen, dass wir prinzipiell genauso mit wie auch ohne Fleisch, Geflügel und Fisch unsere Gesundheit erhalten oder fördern können. Dabei gilt immer derselbe Grundsatz: Wir machen uns Pflanzen und Tiere zunutze, um deren kleinste Bestandteile zum Aufbau unserer eigenen Gewebe zu verwenden. Jedes pflanzliche und tierische Produkt liefert unterschiedliche Anteile und Mengen der Bausteine, die unser Körper als essenzielle Nährstoffe nutzen kann, nachdem sie im Verdauungstrakt verdaut und aufgespalten wurden. Daraus folgt: Je mehr potenzielle Lebensmittel wir aus unserem Kostplan ausschließen, desto unwahrscheinlicher wird es, alle lebensnotwendigen Nährstoffe in der notwendigen Menge zu erlangen.

---

1 Ströhle A, Hahn A. Influence of ecoenvironments on carbohydrate intake of modern hunter-gatherer societies: results from an ethnographic analysis. Nutr Res (eingereicht zur Publikation)

2 Ströhle A, Hahn A. Influence of ecoenvironments on carbohydrate intake of modern hunter-gatherer societies: results from an ethnographic analysis. Nutr Res (eingereicht zur Publikation)

Jene Nährstoffe, die durch einen Verzicht auf Fleisch, Geflügel und Fisch vermindert zugeführt werden, müssen wir auf andere Weise ersetzen, sonst wird es kritisch. Je strenger vegetarisch man lebt, desto wichtiger ist es, das Wissen zu erlangen, wie diese Ernährungsform optimal umzusetzen ist. Darüber gilt es, sich unbedingt zu informieren. Das umfassendste Werk in deutscher Sprache und inhaltlich sehr empfehlenswert ist von Prof. Claus Leitzmann und Markus Keller.[3] Leitzmann hat das Verdienst sowohl das Konzept der Vollwert-Ernährung als auch das der vegetarischen Ernährung in Deutschland aus der naturphilosophischen Ecke in den Bereich der Wissenschaft gehoben und physiologisch und ökologisch untermauert zu haben.

Risiken der vegetarischen Ernährung.

Vegetarisch ist nicht gleich vegetarisch.

Der Begriff »vegetarische Ernährung« allein ermöglicht noch keine Aussage über Qualität und Quantität der Ernährung. Diese können ausreichend oder unzureichend sein. Über den Versorgungsgrad mit Nährstoffen bzw. über den ernährungsphysiologischen Wert kann erst die Betrachtung des gesamten Ernährungsverhaltens Auskunft geben. Als gesichert gilt heute, dass mit einer ernährungsphysiologisch sorgfältig und sinnvoll zusammengestellten vegetarischen Kost die empfohlene Zufuhrmenge für alle essenziellen Nährstoffe erreicht werden kann. Ungünstig bzw. unbedacht zusammengestellte vegetarische Kost birgt das erhöhte Risiko einer Unterversorgung mit wichtigen Nährstoffen. Das gilt speziell für die vegane Kost, die gänzlich auf tierische Produkte verzichtet. Hierbei wird die Versorgung mit einigen essenziellen Nährstoffen am ehesten kritisch.

Eisen: Pflanzen sind zum Teil sogar recht eisenreich, enthalten das Eisen allerdings vorwiegend in seiner anorganischen Form (Fe^{3+} und Fe^{2+}). Dessen Verfügbarkeit ist mit ein bis sieben Prozent gering. Fleisch ist für den menschlichen Stoffwechsel die beste Eisenquelle, da das Eisen in organischer Form als Häm-Eisen aus dem roten Blutfarbstoff vorliegt und vom Darm gut aufgenommen werden kann. Entsprechend hoch ist die Ausnutzungsrate für Eisen aus Fleisch und Fisch mit 10 bis 20 Prozent. Das erklärt, warum Vegetarier im Allgemeinen einen niedrigeren Eisenspeicher im Körper aufweisen. Dennoch sind klinisch relevante Anzeichen eines Eisenmangels relativ selten. Kritisch wird dieser schlechtere Eisenstatus vor allem in Zeiten eines außergewöhnlich hohen Eisenbedarfs, wie während Schwangerschaft und Stillzeit sowie auch bei Leistungssportlern und hier insbesondere bei Frauen im Ausdauersport. Bei diesen allen sollte der Eisenstatus regelmäßig überprüft werden.

3 Leitzmann M, Keller M. Vegetarische Ernährung. Stuttgart: Verlag Eugen Ulmer (UTB), 2010.

Zahlreiche Untersuchungen über die Ernährungsgewohnheiten von Vegetariern haben immer wieder für bestimmte essenzielle Nährstoffe das Risiko einer unzureichenden Versorgung aufgedeckt. Im Einzelnen ist der Versorgung mit diesen Nährstoffen besondere Beachtung zu schenken: Eisen, Jod, Zink, Calcium, Vitamin B_2, Vitamin B_{12}, Vitamin D, Omega-3-Fettsäuren und Protein.

Die Aufnahme von Nichthäm-Eisen aus pflanzlichen Produkten lässt sich verbessern, indem man diese zusammen mit Vitamin-C-reichen Lebensmitteln verzehrt. Den gleichen Effekt erzielen Lebensmittel, die reich an organischen Säuren (Citrat, Milchsäure) sind, wie Himbeeren, Brombeeren, Johannisbeeren oder Sauerkraut. Auf diese Weise lässt sich bei einer vielseitigen vegetarischen Ernährung die Eisenversorgung sicherstellen. Problematisch ist erfahrungsgemäß die Eisenversorgung am ehesten bei Veganern und Rohköstlern sowie bei makrobiotischer Ernährung.

Jod: Die Jodversorgung ist in Deutschland generell knapp. Deswegen wird die Verwendung von Jodsalz empfohlen. Die mit Abstand besten Jodquellen sind Fisch und Meeresfrüchte bzw. Schalentiere. Milch und Eier sind nicht sehr jodreich und von den Pflanzen enthalten nur Feldsalat, Grünkohl, Spinat, Brokkoli, Möhren und Champignons nennenswerte Jodmengen. Der Einsatz von Jodsalz bei Vegetariern bietet sich also umso mehr an.

Zink: Nach Eisen ist Zink das mengenmäßig zweitwichtigste Spurenelement im Körper. Es ist an unendlich vielen Stoffwechselvorgängen beteiligt. Die wichtigste Zinkquelle ist rotes Fleisch. Lakto-Ovo-Vegetariern steht Käse als relevante Zinkquelle zur Verfügung. Aber auch Pflanzen enthalten Zink, allen voran Vollkorngetreide, Hülsenfrüchte und Nüsse. Allerdings ist Zink aus pflanzlicher Kost für uns weit weniger gut verwertbar. Entsprechend ist das Risiko einer Mangelversorgung wiederum für Veganer am höchsten. Verbessern lässt sich die Zinkaufnahme durch den zusätzlichen Verzehr Vitamin-C- oder milchsäurereicher Lebensmittel. Die Verfügbarkeit aus Getreide kann zudem auch noch durch Einweichen und durch Keimen verbessert werden.

Calcium: Das mengenmäßig wichtigste Mineral im Körper dient der Knochengesundheit sowie dem Nerven- und Muskelsystem. Die beste Nahrungsquelle für Calcium ist Milch bzw. Milchprodukte. Lakto-Vegetarier haben somit kein Problem, eine adäquate Calciumzufuhr zu ermöglichen. Schwieriger ist die Situation für Veganer. Zwar enthalten viele Pflanzen nennenswerte Calciummengen, allen voran die dunkelgrünen Sorten wie Grünkohl, Brokkoli und Spinat. Doch ist die Ausnutzung des Calciums aus Pflanzen deutlich schlechter als aus tierischen Nahrungsmitteln. Denn gewisse Pflanzenbestandteile wie Oxal- und Phytinsäure sowie verschiedene Ballaststoffe verbinden sich komplex mit Calcium und hemmen damit dessen Aufnahme im Darm.

Das bedeutet konkret, dass vor allem bei Veganern aufgrund ihres reichlichen Vollkornkonsums Probleme der Calciumversorgung zu erwarten sind. Gerade sie sollten calciumreiches Mineralwasser konsumieren, denn die Ausnutzung von Calcium aus Mineralwasser ist vergleichbar der aus Milch. Es gibt einige so calciumreiche Wassersorten, dass schon ein Liter einen erheblichen Anteil des Tagesbedarfs decken kann. Im Internet steht ein »Mineralienrechner«, mit dem man alle in Deutschland angebotenen Mineralwässer in Bezug auf Calcium und andere relevante Mineralien vergleichen kann.[4]

B_{12} (Cobalamin): Vitamin B_{12} findet sich grundsätzlich nur in Nahrungsmitteln tierischer Herkunft. Fleisch (besonders Innereien), Fisch, Muscheln, Eier sowie Milch und Milchprodukte sind die entscheidenden Quellen. Pflanzliche Nahrung enthält grundsätzlich kein Vitamin B_{12}. Lediglich durch bakterielle Kontaminierung oder milchsaure Vergärung wie beim Sauerkraut können in pflanzlicher Kost Spuren von B_{12} nachgewiesen werden. Allerdings reicht das für eine adäquate Versorgung nicht aus. Häufig werden Algen als pflanzliche Vitamin-B_{12}-Träger ausgelobt. Doch Vorsicht, B_{12} ist nicht gleich B_{12}! Algen enthalten vorwiegend unwirksame B_{12}-Verbindungen. Schlimmer noch: Manche der B_{12}-artigen Verbindungen aus Algen können sogar die Stoffwechselfunktionen des biologisch aktiven Vitamin B_{12} blockieren. Auch Hefe ist kein adäquater Ersatz, denn sie enthält kein für den Menschen verfügbares Vitamin B_{12}.

Für Lakto-Ovo-Vegetarier ist die Deckung ihres Bedarfs kein Problem, denn Milch, Milchprodukte und Eier liefern genügend Vitamin B_{12}. Ein echtes Problem stellt die Versorgung hingegen für Veganer dar. Bei ihnen finden sich entsprechend häufig Zeichen eines sehr schlechten Vitamin-B_{12}-Status: Typische Mangelerscheinungen sind unter anderem Blutarmut, Störungen des Nervensystems und des Eiweißstoffwechsels, der zur Arteriosklerose beiträgt. Besonders kritisch sind die Phasen hohen Bedarfs: Schwangerschaft und Stillzeit. Veganer sind zur sicheren Versorgung auf Nahrungsmittel angewiesen, die mit Vitamin B_{12} angereichert sind, oder auf entsprechende Nahrungssupplemente.

Es ist richtig, dass die Darmbakterien des menschlichen Dickdarms Vitamin B_{12} synthetisieren können. Doch kann dieses mit hoher Wahrscheinlichkeit nicht zur Versorgung beitragen, da es in den tiefen Darmabschnitten seiner Synthese nicht mehr verwertet wird.

Vitamin D: Seit einigen Jahren ist Vitamin D in aller Munde. Eigentlich ist es kein Vitamin, sondern ein Hormon, das über 200 Gene in zahlreichen Geweben und Organen aktiviert. Der Körper kann es in der Haut selbst herstellen. Dazu müssen UVB-Strahlen mit einer Mindestintensität auf die Haut treffen. Ein täglicher Aufenthalt von 15 bis 30 Minuten bei hohem Sonnenstand reicht für die Versorgung aus. Voraussetzung

[4] www.mineralienrechner.de

ist allerdings, dass die Sonne mit ausreichender Intensität scheint und man sich der Sonne aussetzt. Beides ist selten ausreichend gegeben, sodass die Mangelversorgung mit Vitamin D selbst im Sommer epidemische Ausmaße erreicht. Darüber hinaus reicht die notwendige UVB-Strahlung in den nördlichen Breitengraden, auf denen Mitteleuropa liegt, zwischen Oktober und April nicht zur Vitamin-D-Synthese aus. Entsprechend ist die Versorgung im Winterhalbjahr noch um einiges kritischer als im Sommer.[5]

Nahrungsmittel sind generell keine guten Vitamin-D-Quellen. Die Nahrung trägt nur etwa fünf Prozent zu unserer Vitamin-D-Versorgung bei. Die mit Abstand besten Quellen sind fettreiche Seefische. Fettreiche Milch und Milchprodukte, Eier und Leber liefern auch, aber nur geringe Mengen Vitamin D. Unter den pflanzlichen Lebensmitteln enthalten lediglich mit UVB-Strahlen bestrahlte Pilze nennenswerte Konzentrationen, doch damit kann man sich nicht annähernd bedarfsdeckend ernähren. Als Ausweg bleibt der Besuch eines Solariums mit Lampen, die genügend UVB-Anteile abstrahlen, oder die Einnahme von Supplementen. Allerdings sind in Europa meist Vitamin-D_3-Supplemente erhältlich, die auf Basis von bestrahltem Lanolin aus Schafswolle hergestellt werden und deshalb für Veganer nicht akzeptabel sind. Sie müssen auf Vitamin-D_2-Präparate auf Pflanzenbasis ausweichen. Allerdings ist immer noch umstritten, ob Vitamin D_2 genauso gut wirkt wie Vitamin D_3.

Omega-3-Fettsäuren: Die extrem hohe Bedeutung einer ausreichenden Versorgung mit Omega-3-Fettsäuren wurde über die letzten Jahre immer deutlicher. Unser Stoffwechsel baut daraus eine Vielzahl von Gewebshormonen auf, die in unzählige Körperfunktionen eingreifen. Ein Mangel erhöht das Risiko für fast alle bekannten Zivilisationskrankheiten. Die Versorgung in der Bevölkerung ist generell schlecht. Die wichtigsten Quellen sind fetter Seefisch (Makrele, Hering, Lachs, Sardine) oder das Fleischfett frei lebender Landtiere (z. B. von Bio-Fleisch). Auch die Milch und die Eier von Tieren aus (Bio-)Freilandhaltung liefern nennenswerte Gehalte an diesen wertvollen Fettsäuren (Eicosapentaensäure = EPA und Decosahexaensäure = DHA). Da Produkte von frei lebenden Tieren heute selten konsumiert werden, kommt es insgesamt in der Bevölkerung zu ernsthaften Versorgungsproblemen.

Manche Pflanzen enthalten ebenfalls eine Omega-3-Fettsäure, die alpha-Linolensäure. Doch diese kann unser Körper nur unzureichend nutzen, um daraus die wichtigen Gewebshormone aufzubauen. Die weitaus effizientere Quelle ist tierisches Fett (siehe oben). So sind Lakto-Ovo-Vegetarier bereits gefährdet, aber besonders kritisch steht es um die Versorgung von Veganern. Da Omega-3-Fettsäuren unter anderem für die Hirnentwicklung mitverantwortlich sind, ist die Versorgung des Fötus in der Schwangerschaft und die des Säuglings in der Stillzeit als besonders kritisch anzusehen, wenn die Mutter sich vegetarisch ernährt. Hier sollte man schon dem Kind zuliebe auf Omega-3-Supplemente oder Nahrungsergänzungen zurückgreifen.

5 Worm, N. Heilkraft D - Wie das Sonnenvitamin vor Herzinfarkt, Krebs und anderen Krankheiten schützt. systemed Verlag, Lünen 2009

Kritisch ist die ausreichende Versorgung mit wichtigen Nährstoffen eigentlich nur bei Veganern sowie bei unzureichend ausgewogener vegetarischer Ernährung. Als besonders problematisch ist insbesondere vegane Kost im Wachstumsalter zu sehen. Zahlreiche wissenschaftliche Untersuchungen zeigen ungünstige Auswirkungen auf die Entwicklung und den Gesundheitsstatus von Kindern und Jugendlichen.

Sie dokumentieren ein vermindertes Wachstum, eine verzögerte Wachstumsgeschwindigkeit und eine eingeschränkte Gewichtszunahme. Auch bei streng makrobiotischer Kost scheint die optimale Versorgung und damit die normale, altersspezifische Entwicklung und der allgemeine Gesundheitszustand gefährdet zu sein.

Protein (Eiweiß): Als wichtige Bausteine unserer Körpergewebe müssen Proteine täglich in ausreichender Menge und Qualität zugeführt werden, um unseren Körper immer wieder regenerieren und neu aufbauen zu können. Lakto-Ovo-Vegetarier müssen sich um ihre Versorgung keine Sorgen machen, da Milch und Eier besonders hochwertige tierische Eiweißquellen darstellen. Es sei denn, die verzehrte Menge reicht nicht aus.

Pflanzliches Protein hat zwar im Allgemeinen eine geringere biologische Wertigkeit (siehe Seite 53) als tierisches, doch kann die biologische Proteinwertigkeit durch geschickte Kombination verschiedener pflanzlicher Lebensmittel so weit angehoben werden, dass eine ausreichende Versorgung gewährleistet ist. Neue Studien weisen allerdings darauf hin, dass bei geringem Verzehr tierischer Proteinquellen die Proteinanteile an der Kost insgesamt deutlich angehoben werden müssen, um eine adäquate Versorgung zu gewährleisten.

Hinzu kommt, dass der hohe Ballaststoffgehalt der vegetarischen Ernährung zu einer zusätzlichen Verschlechterung der Proteinversorgung und -verwertung bzw. der Energieversorgung und -verwertung führen kann. Verschiedene Studien zeigen, dass die Ausscheidung von Stickstoff bzw. von Aminosäuren, Mineralstoffen, Elektrolyten, Gallensäuren und Fett unter stark gesteigerter Ballaststoffzufuhr erhöht ist. Dieser Effekt wird z. T. über die hohe Bindungsfähigkeit von Ballaststoffen zu diesen Verbindungen erklärt. Andererseits kann eine übermäßig hohe Ballaststoffzufuhr offensichtlich sogar zu Verletzungen im Bereich der Darmschleimhaut führen, was wiederum eine schlechtere Nährstoffausnutzung bzw. vermehrte Nährstoffverluste zur Folge haben kann. Andere Studien deuten darauf hin, dass auch die Zunahme der Bakterienflora bei ballaststoffreicher Kost zu einer vermehrten Ausscheidung der genannten Stoffe führen kann. Schließlich wird auch über eine Reduktion der Aktivität der intestinalen Verdauungsenzyme nach erhöhtem Ballaststoffkonsum diskutiert.

Verarbeitungsprozesse können bei Nahrungsmitteln zu einem erheblichen Verlust von Aminosäuren führen. So ist bei der Herstellung von texturiertem Eiweiß aus Pflanzen, die vor allem bei Sojabohnen weit verbreitet ist, mit Einbußen im Bereich der Aminosäuren Lysin, Threonin und Cystein zu rechnen. Gleiches gilt für die Verarbeitung von Nüssen und Getreiden, den mengenmäßig wichtigsten pflanzlichen Eiweißquellen der Veganer.

Schließlich finden sich in verschiedenen pflanzlichen Proteinträgern und vor allem in den Hülsenfrüchten, und dort speziell in der Sojabohne, natürliche Hemmstoffe von eiweiß-, fett- und stärkespaltenden Verdauungsenzymen. Dies kann sowohl zu einer mangelnden Energieausnutzung, aber auch zu einer verschlechterten Proteinversorgung führen. Ein Teil dieser Inhibitoren wird durch den Garprozess zerstört, andere bleiben in ihren Wirkung erhalten.

Zusammenfassend lässt sich feststellen: Vegetarier können sich mit adäquaten Nährstoffmengen versorgen, wenn sie die Ernährung bewusst steuern. Je weniger sie sich um eine ernährungsphysiologisch sinnvolle Nahrungsmixtur kümmern und je geringer der Anteil von Milch, Milchprodukten und Eiern ist, desto größer ist das Risiko für eine Unterversorgung an essenziellen Nährstoffen. Das Risiko erhöht sich in Zeiten hohen Nährstoffbedarfs, wie z. B. in der Schwangerschaft, während des Stillens, bei Leistungssport und nicht zuletzt im Wachstum.

Gesundheitliche Auswirkungen des Vegetarismus.

Früher machten Fleischesser gerne mal einen Witz wie »Vegetarier werden nicht älter – sie sehen nur älter aus«. Heute lachen Vegetarier die Fleischesser aus, denn zahlreiche Studien haben es belegt: Im Vergleich zum Durchschnittsbürger entwickeln sie seltener degenerative Erkrankungen, und sie werden auch älter – und zwar gesünder älter. Allerdings ist es auch kein Wunder, dass der heutige übergewichtige, bewegungsarm lebende, prassende und rauchende, gestresste Durchschnittsbürger für seinen offensichtlich gesundheitsschädigenden Lebensstil seinen Preis bezahlt. Ganz konkret: Die klassischen Risikofaktoren für Herz-Kreislauf-Erkrankungen wie Bluthochdruck, erhöhte Blutfettwerte, erhöhter Blutzucker, erhöhte Harnsäurewerte etc. finden sich bei Vegetariern im Allgemeinen deutlich seltener als in der vergleichbaren Allgemeinbevölkerung. Diese international übereinstimmend gefundenen Daten konnten auch für Deutschland bestätigt werden. Fraglich ist allerdings, ob dies allein auf dem Fleischverzicht beruht. Vielmehr sprechen viele wissenschaftliche Erkenntnisse dafür, dass dies mit der Vielzahl von Einflüssen eines gesundheitsbewussten Ernährungs- und Lebensstils zusammenhängt. Und all diese Risikofaktoren haben etwas mit Übergewicht und Bewegungsmangel zu tun. Und beides ist bei Vegetariern weit weniger verbreitet.

Gesichert ist:

- Vegetarier haben durchschnittlich einen niedrigeren Body-Mass-Index (BMI) als Gemischtköstler. Innerhalb der Vegetariergruppe sind die Veganer wiederum schlanker als die Lakto-Ovo-Vegetarier. Eine der möglichen Erklärungen hierfür: Ihre Nahrung hat eine niedrigere Energiedichte und sie bewegen sich mehr.
- Vegetarier haben ein geringeres Risiko, Diabetes zu entwickeln. Das erklärt sich einerseits mit ihrer Schlankheit und ihrer Bewegungsaktivität und der damit besseren Insulinsensitivität. Andererseits verzehren sie mehr Gemüse, Hülsenfrüchte, Nüsse und Vollkornprodukte, für die in verschiedenen Studien eine unabhängige Minderung des Diabetesrisikos nachgewiesen wurde. Darüber hinaus haben verschiedene Studien erkennen lassen, dass das Diabetes-Risiko bei hohem Konsum von verarbeitetem Fleisch, das heißt Fleischwaren und Wurst, erhöht ist, ohne dass man bisher eine Erklärung dafür gefunden hätte.
- Vegetarier haben ein niedrigeres Risiko für Herz-Kreislauf-Erkrankungen. Der Einfluss ihrer Lebensstilfaktoren wie niedriges Körpergewicht, kein bis geringer Tabak- und Alkoholkonsum, viel Bewegung und gezielte Entspannung fließt hier allerdings direkt ein. Dazu kommt, dass der erhöhte Verzehr von Gemüse, Obst, Nüssen, Hülsenfrüchten, Ballaststoffen und pflanzlichen Ölen jeweils für sich und umso mehr gemeinsam eine Senkung des Herz-Kreislauf-Risikos bewirkt. So eine Kost verbessert typischerweise die Blutfette und senkt den Blutdruck. Damit sind schon zwei gravierende Risikofaktoren günstig beeinflusst. Eine direkte Beziehung zum Fleischverzicht per se lässt sich hingegen nicht nachweisen.
- Vegetarier weisen auch eine etwas niedrigere Rate an Krebserkrankungen auf. Überraschenderweise ist ausgerechnet die Darmkrebsrate nicht niedriger als bei Fleischessern; in einer Studie lag sie sogar höher. Das widerspricht deutlich der These, dass Fleisch Darmkrebs fördere. Auch das niedrigere Krebsrisiko lässt sich primär über Schlankheit, Bewegung und Verzicht auf Tabak und Alkohol erklären. Hinzu kommen verschiedene bereits genannte Nahrungsfaktoren, für die ebenfalls ein unabhängiger Krebsschutz diskutiert wird.

Welche Ernährungs- oder Lebensstilfaktoren im Endeffekt für die Schutzeffekte verantwortlich sind, weiß man noch nicht genau. Aber weltweit arbeiten viele Wissenschaftler an der Klärung genau dieser Frage – und so werden wir in Zukunft noch viele neue Erkenntnisse erhalten.

Mein Bezug zum Vegetarismus.

In den 1980er-Jahren hatte ich eine Lebensgefährtin, die nicht nur eine witzige, attraktive und natürlich-blonde schwedische Frau war, sondern auch noch eingefleischte Vegetarierin. Da ich abends meist vor ihr zu Hause war und sowieso gerne kochte – noch dazu besser als sie – tischte ich regelmäßig vegetarische Gerichte auf. Aus Neugierde und aus Bequemlichkeit und schließlich auch aus Solidarität habe ich diesen Lebensabschnitt vegetarisch verbracht bzw. – um nicht zu übertreiben – weitgehend vegetarisch. Ihr hat es geschmeckt, mir auch. Natürlich gab es viele Gespräche über vegetarische Ernährung.

Im Rahmen meines damaligen Forschungsprojektes am Institut für Sozialmedizin, Prävention und Rehabilitation in Tutzing (bei München) zur Frage des Einflusses von Nahrungsfett auf das Herzinfarktrisiko, war ich bereits Anfang der 1980er-Jahre beruflich mit dem Thema Vegetarismus konfrontiert worden. Damals hatten die ersten Bevölkerungsstudien über Vegetarier belegt, dass diese ein geringeres Herzinfarktrisiko und eine höhere Lebenserwartung hatten als die Durchschnittsbevölkerung. Die Wissenschaftler rätselten, was dafür verantwortlich war. Die Fleischfette standen natürlich immer ganz schnell im Verdacht ... Mein Forschungsvorhaben beinhaltete, dass ich das Zentrum der Vegetarierforschung besuchen sollte. In Loma Linda, einem Ort nahe Los Angeles in Kalifornien, lebt eine sehr große Gemeinde der Siebenten-Tags-Adventisten. Sie hatten schon damals eine hervorragend ausgestattete adventistische Universität, die Gesundheitsforschung betreibt. Die Wissenschaftler um Prof. Dr. Gary E. Fraser betreuten damals (und noch heute) eine Langzeitstudie an 34.000 Mitgliedern der Freikirche. Ich wurde dort überaus gastfreundlich empfangen, einen Tag lang durch die Forschungseinrichtung geführt und eingeladen, zahlreiche Detailinformationen einzuholen. Mit den Wissenschaftlern konnte ich über zahlreiche Sachfragen diskutieren. Dort habe ich das erste Mal absolut rauchfreie Restaurants und Cafes erlebt. Ich muss gestehen, dass mich diese gesundheitsbewussten, freundlichen Menschen dort sehr beeindruckten – und zwar positiv.

Dieser fachliche Hintergrund und mein zwischenzeitlich gestarteter vegetarischer Selbstversuch erweckten in mir den Wunsch, selbst einen wissenschaftlichen Beitrag zur Vegetarierdiskussion zu leisten. Ich hatte längst vor zu promovieren, und ich beschäftigte mich neben der Herzinfarktforschung auch intensiv mit der Sporternährung. Das war's: Ich wollte die körperliche Leistungsfähigkeit von Vegetariern untersuchen. Dies war noch nie erfolgt. Dabei war es mir wichtig, auch noch zwischen Lakto-Ovo-Vegetariern und Veganern zu unterscheiden. Bald fand ich die Möglichkeit, an einer sportmedizinischen Einrichtung in München eine standardisierte Leistungsdiagnostik durchzuführen. Gleichzeitig war Prof. Edmund Renner vom Institut für Milchwirtschaft an der Universität Gießen bereit, dieses spannende Thema zu betreuen. Ich stellte Einschlusskriterien auf, fand Veganer, Lakto-Ovo-Vegetarier und Mischköstler auf vergleichbarem Trainingsniveau und bat sie zum Test.

Ohne hier auf Details eingehen zu wollen: Das Ergebnis war, dass die Lakto-Ovo-Vegetarier am leistungsstärksten waren, gefolgt von den Mischköstlern. Am schwächsten schnitten die Veganer ab. Allerdings musste ich im Nachhinein einsehen, dass ich einen Faktor nicht vorhergesehen hatte, der die Interpretation der Ergebnisse meiner Doktorarbeit sehr schwierig machte: Die Vegetarier brachten zu diesem Leistungstest etwas mit, das wie Doping wirkte: eine Botschaft. Ihr Motto: »Wir werden hier mal beweisen, welche Ernährung fitter macht!« Die Mischköstler hingegen, die ich als Probanden gewinnen konnte, kamen ohne inneres Feuer, die sich anbahnende Erschöpfung ließ sie kalt. Das hätte fast die ganze Arbeit gefährdet, wenn nicht wenigstens ein signifikanter Unterschied zwischen Lakto-Ovo-Vegetariern und Veganern zu messen gewesen wäre – und letztere waren zweifelsohne mit dem gleichen Siegeswillen angetreten. Kaum war die Doktorarbeit abgeschlossen, war es auch die Beziehung zu meiner Vegetarierin, die als gute Schwedin natürlich Lotta heißt. Es folgten ein neuer Lebensabschnitt, die berufliche Selbstständigkeit und bald das erste Buch.

Vegetarische Low-Carb-Ernährung zum Abnehmen.

In den letzten zehn Jahren wurde mehrfach bewiesen, dass eine kohlenhydratreduzierte, fett- und proteinbetonte Diät nicht nur besser zur Gewichtsreduktion geeignet ist, sondern auch die typischen Stoffwechselstörungen von Übergewichtigen besser bekämpft als eine fettarme, kohlenhydratbetonte Diät. Bislang wird aber selten darüber gesprochen oder geschrieben, dass diese sich nicht nur in Form einer fleischbetonten Ernährung umsetzen lässt, sondern natürlich auch mit einer fleischarmen oder fleischfreien Kost. Um dies zu beweisen, hat ein Team von Wissenschaftlern vom Institut für Endokrinologie und Stoffwechsel an der medizinischen Fakultät des Department of Medicine am St Michael's Hospital in Toronto (Kanada) eine Studie durchgeführt. Diese ging sogar noch einen Schritt weiter und untersuchte eine vegane Low-Carb-Diät – also ganz ohne Eier, Milch und Milchprodukte.

Zu diesem Zweck wurden 47 übergewichtige Frauen und Männer mit Fettstoffwechselstörungen in zwei Gruppen geteilt und auf zwei unterschiedliche Diätformen gesetzt. Die Energiezufuhr lag etwa 40 Prozent unter dem Energiebedarf der Teilnehmer. Eine Gruppe erhielt eine Kost mit 26 Prozent Kohlenhydrate, 31 Prozent Protein und 43 Prozent Fett (jeweils bezogen auf die Gesamtenergiezufuhr). Die Proteinquellen waren dabei ausschließlich pflanzlichen Ursprungs. Primär handelte es sich um Getreideprodukte, Sojaprodukte, Nüsse und Zerealien, aber auch um Zusätze von Glutenproteinisolaten. Zum Vergleich befolgte die andere Gruppe eine kohlenhydratreiche, fettarme, lacto-ovo-vegetarische Diät mit 58 Prozent Kohlenhydraten, 16 Prozent Protein und 25 Prozent Fett. Sie verwendeten nur fettarme Milch und Milchprodukte und zusätzlich noch flüssiges Eiklar als cholesterinarme Proteinquelle.

Die Studienteilnehmer hielten diese Diäten vier Wochen ein, dann wurden die Ergebnisse verglichen. Die Teilnehmer beider Gruppen hatten durchschnittlich vier Kilogramm abgenommen. Hinsichtlich ihrer Fettstoffwechselwerte ergaben sich jedoch signifikante Unterschiede: Das LDL-Cholesterin und das Verhältnis von Gesamtcholesterin zu HDL-Cholesterin sank stärker in der Low-Carb-Gruppe. Gleiches galt für den systolischen und diastolischen Blutdruck. Diese Ergebnisse waren für die kohlenhydratreduzierte

LOGI steht für »Low Glycemic and Insulinemic Diet« und bedeutet, dass Nahrungsmittel mit niedriger Blutzucker- und Insulinwirkung bevorzugt werden. Konkret muss dafür einerseits die Menge der verzehrten Kohlenhydrate reduziert und andererseits die Kohlenhydratqualität beachtet werden. Die Basis der Ernährung bilden stärkearme Gemüse, Salate und Früchte in Kombination mit eiweißreichen Nahrungsmitteln. Gleichzeitig wird auf eine hohe Fettqualität bei Betonung der einfach ungesättigten Fettsäuren und eines günstigen Verhältnisses von Omega-6- zu Omega-3-Fettsäuren geachtet.

Kostform zu erwarten gewesen. Die Wissenschaftler schlossen aus ihren Ergebnissen, dass eine vegetarische Low-Carb-Diät nicht nur bei Übergewicht und Stoffwechselstörungen besser wirkt als eine vegetarische fettarme, kohlenhydratbetonte Diät, sondern dass sie auch günstigere Auswirkungen hat als die herkömmlich empfohlene fettarme Mischkostdiät.

Dem ist nur noch hinzuzufügen, dass der Gewichtsverlust unter einer kohlenhydratarmen vegetarischen Ernährung bei Einschluss von Eiern und Milch bzw. Milchprodukten mit großer Wahrscheinlichkeit noch besser ausgefallen wäre. Denn Eier erzielen eine besonders hohe Sättigung bei relativ niedriger Energiezufuhr. Milch und Milchprodukte wiederum verstärken die Gewichtsabnahme, weil das Calcium in der Milch das mitgelieferte Fett im Darm bindet und zum Teil dessen Resorption hemmt. Und weil Calcium in der Zelle offenbar die Fettverbrennung fördert. Das heißt: Eine vegetarische Reduktionsdiät ist unter Einschluss von Eiern und Milchprodukten besonders empfehlenswert, wenn sie kohlenhydratbeschränkt und protein- wie auch fettbetont ist.

Vegetarisches LOGI.

Wenn man sich entscheidet, aus ethischen oder ökologischen Gründen ohne Fleisch, Geflügel und Fisch zu leben, dann spricht aus gesundheitlicher Sicht wenig gegen eine bewusste und ausgewogene lakto-ovo-vegetarische Ernährungsweise. Wenn man sich dazu entscheidet und übergewichtig ist und möglicherweise auch schon die typischen Stoffwechselstörungen des metabolischen Syndroms aufweist oder gar Typ-2-Diabetiker ist, dann ist eine vegetarische Ernährung nach dem LOGI-Prinzip die optimale Ernährungsweise. Die LOGI-Methode ist ein Ernährungskonzept, mit dem das gesundheitliche Risiko von Übergewichtigen mit Insulinresistenz und Folgeerkrankungen gemindert wird, selbst wenn eine Gewichtsreduktion nicht oder nicht dauerhaft erzielt werden kann.[6] Das unterscheidet LOGI von allen anderen heute etablierten Ernährungsempfehlungen für diese Zielgruppe.

6 Worm N. Glücklich und schlank. Die LOGI-Methode in Theorie und Praxis. Lünen: Systemed-Verlag, 2003.

LOGI ermöglicht bei sehr geringer Energiedichte, hoher Sättigungswirkung und lang anhaltender Sattheit eine dauerhaft niedrige Energiezufuhr in Kombination mit einer optimalen Nährstoffversorgung. Eine Gewichtsreduktion wird auf diese Weise erleichtert. Aber selbst bei ausbleibender Reduktion des Übergewichts werden mit dieser Kostumstellung alle Facetten des metabolischen Syndroms, insbesondere die Dyslipoproteinämie und die postprandialen Blutzuckerspitzen wie auch die kompensatorische Hyperinsulinämie gebessert. Folglich lassen sich durch diese Ernährungsumstellung erhebliche Einsparungen bei den Medikamentenkosten erzielen. Primäre Zielgruppen für die LOGI-Methode sind Patienten mit Übergewicht, PCO-Syndrom, metabolischem Syndrom und Typ-2-Diabetes.

Inhaltlich stimmt die LOGI-Methode weitgehend mit den kürzlich erschienenen Ernährungsrichtlinien des »Joslin Diabetes Center« an der Harvard-Universität, der weltweit einflussreichsten Diabetes-Forschungsinstitution, überein.

Die LOGI-Methode fördert Genuss und Lebensqualität und sorgt so für hohe Compliance. Für LOGI ist auch keine radikale Umstellung der Ernährungsgewohnheiten notwendig. LOGI basiert auf allen traditionellen Grundnahrungsmitteln und kommt ohne Zusatzprodukte bzw. Nährstoffsupplemente aus.

Fazit: Nach heutiger Erkenntnis sind die nachfolgend aufgeführten Faktoren entscheidend dafür, gesünder länger leben zu können: Nichtrauchen. Regelmäßige körperliche Aktivität. Einhaltung einer kalorisch knappen, aber möglichst nährstoffreichen Mischkost. Genügend hochwertiges Protein, genügend essenzielle Fettsäuren sowie hohe Anteile von Gemüse, Salaten, Beeren und Früchten in der Kost. Vermeiden von Übergewicht. Vermeiden von negativem Stress. Aktive Entspannung.

Gesundheitsbewusste Vegetarier richten sich meist nach diesen Maximen. Aus gesundheitlicher Sicht sollte man konsequenterweise nicht vom Vorteil des Fleischverzichts sprechen, sondern vom Vorteil der vegetarischen Lebensweise. Ein bloßer Fleischverzicht, bei sonst »ungesunder« Lebensweise wird nach den heute zur Verfügung stehenden wissenschaftlichen Erkenntnissen keinen Gesundheitsvorteil bieten.

Wer sich aus ethischen oder religiösen oder anderen Gründen dafür entscheidet, der kann auf alle Fälle gesund leben, und er kann mit einer kohlenhydratreduzierten vegetarischen Kost mit Sicherheit sehr erfolgreich gegen Übergewicht und Stoffwechselkrankheiten vorgehen. Um dieses Vorhaben besser in die Praxis umsetzen zu können, sollte er die Rezepte dieses Buches ausprobieren.

München, im März 2011

Prof. Dr. Nicolai Worm

VEGETARISCH

LOGI-ERNÄHRUNG.

SUSANNE THIEL

Mein Weg zur vegetarischen Ernährung.

Vor mehr als 20 Jahren begann ich mich intensiver mit der Zusammensetzung meiner Ernährung auseinanderzusetzen. Auslöser war der Wunsch, meine tägliche Ernährung bewusster und gesünder zu gestalten – damals noch mit dem Ansatz einer gemüsebetonten Vollwertkost. Zwar waren seit meiner Kindheit und Jugend Obst, Gemüse, Vollkornbrot, Milch und Milchprodukte schon fester Bestandteil unserer Ernährung, doch die fleischlastige Hausmannskost zu den Hauptmahlzeiten erschien mir zu dominant. Außerdem wuchs mein Interesse am Natur- und Umweltschutz. Ich wollte als Verbraucher aktiv etwas für die Umwelt tun und die Bauern unterstützen, die sich bemühten, biologisch dynamisch zu wirtschaften. Pflanzliche Lebensmittel, bevorzugt saisonal und regional, standen bei meiner Ernährung fortan im Vordergrund. Ich kaufte mir mein erstes Vollwertkochbuch, in dem Fleisch nur eine geringe Rolle spielte, viele Rezepte waren vegetarisch. Durch dieses inspiriert experimentierte ich mit all den spannenden Lebensmitteln und Zutaten, die ich im Naturkostladen und Reformhaus für mich entdeckte. Schon bald bemerkte ich, wie gut mir persönlich mein Beitrag zum Umweltschutz tat!

Auch wenn ich mich heute zu den »Gelegenheitsfleischessern« zähle, so schlägt mein Herz doch für Gemüse, Tofu & Co. Bis heute motiviert mich der Umwelt- wie Gesundheitsgedanke, vegetarisch zu kochen. Schlagworte wie Nachhaltigkeit, CO_2-Bilanz und »Fair Trade« sind im Laufe der Jahre dazugekommen und bestätigen mein Handeln und Denken. Und doch geht es für mich beim Essen in erster Linie um die Freude an frischen, leckeren Zutaten, deren Zubereitung und Genuss. Meine Leidenschaft für gesunde Ernährung veranlasste mich schließlich, Oecotrophologie (Haushalts- und Ernährungswissenschaften) zu studieren. Im Laufe der letzten 15 Jahre hatte ich häufig die Gelegenheit, meinen Kunden, Patienten, Freunden und meiner Familie eine genussvolle Ernährung näherzubringen. Theoretisch – im Rahmen der Beratung – wie praktisch, denn mein Studium finanzierte ich, indem ich Firmen und Privatpersonen zu verschiedenen Anlässen bekochte: zu zwanglosen Partys, zu Konfirmationen und Hochzeiten oder auch zum Business-Lunch.

Noch immer profitieren meine Kunden und Patienten von meiner Praxiserfahrung und kulinarischen Kreativität. Im Mittelpunkt steht bei meinen Beratungen immer eine für die Ratsuchenden maßgeschneiderte Ernährung. Sie muss ihnen schmecken, ihnen gut tun und zu ihnen passen.

Aus vollem Herzen plädiere ich dafür, dass beim Essen Spaß und Genuss im Vordergrund stehen müssen. Es darf nicht allein um die Kombination ernährungsphysiologisch korrekter Zutaten gehen! Ich möchte Ihnen mit diesem Buch ein wenig der Freude und Inspiration nahebringen, die der LOGI-Weg zu mehr Genuss und Gesundheit bietet.

LOGISCH

LACTO-OVO-VEGETABIL!

Mein Weg zu LOGI.

Ich las und hörte immer wieder von der LOGI-Methode, zweifelte jedoch als praktizierende Ernährungsberaterin an den Empfehlungen, die da ausgesprochen wurden. Denn sie entsprachen so gar nicht den Empfehlungen der Deutschen Gesellschaft für Ernährung (DGE), auf die wir Ernährungswissenschaftler jahrelang »getrimmt« wurden. Allerdings machte ich in den ersten Jahren meiner Berufstätigkeit durchaus positive Erfahrungen, wenn ich meinen Patienten – hauptsächlich Diabetikern – Lebensmittel mit einem niedrigen glykämischen Index empfahl. Bei den meisten von ihnen verbesserte sich nachweislich die Stoffwechsellage, allen voran Blutzucker- und Triglyzeridwerte. Nach einigen Jahren der Skepsis wollte ich es dann selbst herausfinden: Konnte die LOGI-Methode vielleicht noch mehr bewirken?

Nachdem ich Nicolai Worm 2008 während der Beratungstätigkeit in einem Sportstudio persönlich kennengelernt und mich mit ihm über die LOGI-Methode ausgetauscht hatte, befasste ich mich intensiv mit der Originalliteratur. Schnell realisierte ich, dass die LOGI-Empfehlungen durchaus Hand und Fuß haben und in zahlreichen Studien begründet lagen. Zudem erkannte ich, dass die LOGI-Methode mir die Möglichkeit bot, meinen Patienten eine noch bessere und erfolgreichere Beratung bieten zu können. Menschen mit Prä-Diabetes, Diabetes und Fettstoffwechselstörungen wirklich erfolgreich unterstützen zu können, bedeutet für mich immer wieder eine Herausforderung. Denn eine langwierige Ernährungsumstellung ist für die Patienten oft frustrierend, da sie auf viele liebgewonnene Essgewohnheiten verzichten müssen und der Erfolg sich oft nicht sofort einstellt. Ganz andere Erfahrungen machte ich, nachdem ich versuchsweise die Ernährung nach der LOGI-Methode einführte, das Essen unter Berücksichtigung der glykämischen Last.

Als ich begann, nach der LOGI-Pyramide zu beraten, stellte ich mit Erstaunen fest, dass die Akzeptanz der vorgeschlagenen Ernährungsumstellung größer war, als ich angenommen hatte. Meine Patienten waren zufrieden, da sie weiterhin Fleisch, Käse, Quark, Joghurt, Butter und Öle essen durften. Bereitwillig kombinierten sie diese fortan mit größeren Portionen Gemüse sowie frischen Früchten. Aber das Beste, das ich im Laufe meiner Ernährungsberatung nach LOGI bemerkte, war, dass eine Lebensmittelauswahl nach LOGI offensichtlich leicht Heißhunger besiegen konnte. Meine Patienten waren unter dieser Ernährung satt und zufrieden. Zudem zeigten sich relativ schnelle Erfolge bei den Blutzuckerwerten. Auch die Blutfettwerte reagierten positiv.

LOGI OHNE FLEISCH – ES GEHT!

LOGI vegetarisch.

Bald stellte sich mir eine entscheidende Frage: Funktioniert LOGI auch fleischlos? Und wie könnte man dies umsetzen? Mittlerweile kann ich es praktisch belegen: Die LOGI-Methode lässt sich ganz klar auch ohne Fleisch und Fisch wunderbar umsetzen. Die Rezeptideen in diesem Buch sollen Ihnen erste Anregungen geben, wie eine vegetarische LOGI-Ernährung aussehen kann.

Ernähren Sie sich überwiegend oder gänzlich fleischfrei und suchen nach neuen Ideen für eine abwechslungsreiche Ernährung, die satt macht? Die den neuesten Ernährungserkenntnissen entsprechend kohlenhydratarm, fett- und eiweißoptimiert und dennoch rein pflanzlich ist? Suchen Sie als »Gelegenheitsvegetarier« neue Ideen für fleischlose Mahlzeiten? Oder vertragen Sie Kohlenhydrate im Übermaß einfach nicht? Basis der LOGI-Ernährung sind Gemüse, pflanzliche Öle und Eiweißträger, dazu in Maßen frische Früchte. Alles Lebensmittel, die auch bei der traditionellen vegetarischen Lebensweise die Grundlage bilden, die sich deutlich vom Junkfood der sogenannten »Puddingvegetarier« unterscheidet, deren Ernährung hauptsächlich aus Stärkeprodukten inklusive Süßspeisen, Gebäck, Fertigprodukten und süßen Getränken besteht.

Gemüse und Obst, kombiniert mit eiweißreichen Lebensmitteln, abgerundet mit wertvollen Pflanzenölen – so sieht der Kern der vegetarischen LOGI-Ernährung aus!

LOGISCH
OVO-LACTO-VEGETABIL!

Die LOGI-Pyramide bei ovo-lacto-vegetabiler Ernährung.

Stufe 4: Selten verzehren! Die Spitze der Pyramide bilden Getreideprodukte aus raffiniertem Mehl (Weißmehl) wie Weißbrot und -brötchen, geschälter Reis, Süßwaren und gesüßte Erfrischungsgetränke. Diese lassen den Blutzuckerspiegel am stärksten Achterbahn fahren. Nach ihrem Genuss schießt das Hormon Insulin ins Blut, wodurch der Blutzucker sehr schnell wieder absinkt. Dies führt zu einer Unterzuckerung und fördert den Heißhunger auf weitere Kohlenhydrate. Darüber hinaus bereiten große Insulinmengen dem Stoffwechsel Probleme. Deswegen sollten die Produkte dieser Lebensmittelgruppen nur selten verzehrt werden.

Stufe 3: In Maßen genießen. Auch bei einer vegetarischen Ernährung nach LOGI gilt es, nur in Maßen Vollkornprodukte, Nudeln, braunen Reis, Mais und Kartoffeln zu verzehren: Ein bis zwei Portionen am Tag sind in Ordnung. Die absolute Menge ist von verschiedenen Faktoren abhängig. Halten Sie sich beim Verzehr an diese Faustregel: Je dicker der Bauch und je geringer die sportliche Aktivität, desto weniger Kohlenhydrate sollten auf dem Teller landen. Vor allem bei gestörtem Blutzuckerstoffwechsel können Sie durch eine Einschränkung des Kohlenhydratverzehrs viel für Ihre Gesundheit tun.

Stufe 2: Täglich zu jeder Mahlzeit verzehren! Hier gilt es, Fleisch und Fisch, die bei der klassischen LOGI-Methode einen Großteil der zweiten Stufe ausmachen, durch wertvolle und hochwertige pflanzliche Eiweißquellen zu ersetzen. Zusätzlich zu Milch und Milchprodukten, Eiern und Nüssen. Gerade in der fleischlosen Ernährung gewinnen deswegen Hülsenfrüchte, Tofu, Sojadrinks, fermentierte und vergorene Sojaprodukte (Sojajoghurtersatz, Miso, Tempeh) als gute Eiweißquellen an Bedeutung. Aus dieser Vielfalt so abwechslungsreich wie möglich wählen und täglich unterschiedliche eiweißhaltige Lebensmittel verzehren. Zum Beispiel morgens Milchprodukte, mittags Tofu und abends Ei oder Hülsenfrüchte.

Stufe 1: Täglich reichlich zu jeder Mahlzeit verzehren! Wie bei der klassischen LOGI-Pyramide lautet die Empfehlung, täglich reichlich Gemüse zu verzehren. Drei Portionen pro Tag und gerne mehr. Zu jeder Mahlzeit und in allen Varianten: roh, gedünstet, gekocht, gebraten, gebacken ... Leichte Zurückhaltung ist beim Obst angesagt. Empfohlen werden zwei Portionen pro Tag, nicht mehr; und bevorzugt zuckerarme Sorten wie Beerenfrüchte oder Papaya.

Hochwertige, kalt gepresste Pflanzenöle wie Oliven- und Rapsöl sollten jedes Gericht abrunden. Sie gehören ebenfalls zur Basis einer vegetarischen LOGI-Ernährung.

Jo-Jo-Effekt. Besonders bei sehr strengen und einseitigen Diäten mit geringer Energiezufuhr und fehlender oder kaum wahrnehmbarer Sättigung schaltet der Stoffwechsel auf Sparflamme um. Das bedeutet, dass er auf die »halben Portionen« reagiert, indem er auch den Stoffwechsel nur noch mit halber Kraft laufen lässt. So spart er Energie und muss seine Fettreserven erst einmal nicht anzapfen. Dem Organismus erscheint das sinnvoll.

Bei eiweißarmen, unterkalorischen Diäten baut der Körper dafür Muskelmasse ab. Die Muskelmasse trägt aber entscheidend zur Höhe des Grundumsatzes bei. So lässt sich erklären, warum der Energiebedarf nach vielen Diäten auf ein niedrigeres Niveau sinkt als vor der Diät. Wer dann die Energiezufuhr wieder auf sein »normales« Niveau anhebt, wird bald wieder das Ausgangsgewicht erreicht haben. Schlimmer noch: Der Körper legt unverzüglich weitere Reserven an, in Form von Fettdepots. Denn er möchte für eine erneute Hungerperiode gewappnet sein. Ergebnis ist eine schnelle Gewichtszunahme, oft über das Ausgangsgewicht hinaus, obwohl die Energiezufuhr etwa identisch mit der vor der Diät ist!

Glücklich, schlank und gesund mit LOGI.

Natürlich können Sie auch mit der fleischlosen Variante der LOGI-Methode überflüssige Pfunde loswerden. Ohne zu hungern und ohne den frustrierenden Jo-Jo-Effekt. Damit Sie Ihr Körpergewicht reduzieren und dies langfristig halten können, sollte dies langsam geschehen und vor allem mit Genuss und einem guten Sättigungsgefühl. Denn Tatsache ist, dass es mit vielen Reduktionsdiäten vergleichsweise leicht gelingt, die angestrebte Gewichtsabnahme zu erreichen. Dann erst kommt die eigentliche Herausforderung: Dieses neue Gewicht auch zu halten – und zwar langfristig. Dabei kann Sie die Ernährung nach der LOGI-Methode auf genussvolle Art und Weise unterstützen.

Aber auch wenn es Ihnen gar nicht ums Abnehmen geht, sondern Ihr vordergründiges Ziel ist, entgleiste Stoffwechselwerte wie z. B. Ihre Blutzucker- oder Blutfettwerte in den Griff zu bekommen, unterstützt die LOGI-Methode dieses effektiv.

Durch die Ernährungsumstellung können Sie ganz gezielt Einfluss auf den Stoffwechsel nehmen. So tun Sie ganz aktiv etwas für Ihre Gesundheit. Mit messbaren und sichtbaren positiven Ergebnissen.

Satt essen durch geschickte Auswahl.

Dies ist eine der wichtigsten Grundsätze der LOGI-Methode. Die LOGI-Lebensmittelpyramide erleichtert es, die empfohlene Relation der Lebensmittel im Auge zu behalten. Es liegt ganz an Ihnen, die LOGI-Methode richtig umzusetzen. Trauen Sie sich, sich satt zu essen! Trauen Sie sich, wieder mit Öl zu kochen, auch wenn das Low-Fat-Dogma der letzten Jahrzehnte Ihnen das lange Zeit verleidet hat!

In meinen Beratungen erfahre ich immer wieder, dass viele Abnehmwillige ihre Versuche der Gewichtsreduktion als Kampf gegen ihre körperlichen Bedürfnisse erleben. »Ohne Fleiß kein Preis« oder »Ohne Qual kein Erfolg!« wurde zu ihren Glaubenssätzen. Damit haben sie sich meist bereits durch viele unterschiedliche Diäten gehungert. Das Ergebnis war immer wieder, dass sie zwar ein paar Pfunde loswurden, diese dann aber bald wieder auf den Hüften oder in Form eines üppigen Bauchansatzes zurückgewonnen hatten. Jedem, der dieses Auf und Ab schon erlebt hat, erscheint es deswegen schier unvorstellbar, sich satt zu essen und dabei auch noch abzunehmen. Zu groß ist die Angst, dadurch zuzunehmen oder einen Gewichtsstillstand herbeizuführen. Außerdem bestehen oft Ängste vor einer zu hohen Energie- oder Fettaufnahme. Gerade im Hinblick auf Fette in der Küche und Ernährung grassiert eine regelrechte Fettphobie.

Fett macht nicht fett!

»Fett macht fett!« Jahrelang wurde abnehmwilligen Menschen dieser weitverbreitete Irrglaube immer wieder eingebläut. Auch heute ist es noch schwer, dieses Dogma aus den Köpfen zu verbannen. Schlussendlich ist es aber gar nicht das Nahrungsfett als solches, das dick macht. Es ist die übermäßige Energieaufnahme, die über längere Zeit immer wieder den Bedarf des Körpers übersteigt. Das führt dazu, dass dieser die überschüssigen Nahrungskalorien in Form von Körperfett deponiert. Auch ein übermäßiger Konsum von Kohlenhydraten, besonders in Form von Stärke bzw. Weißmehlprodukten und süßen Erfrischungsgetränken, trägt über verschiedene Stoffwechselprozesse zur Bildung neuer Speicherfette bei.

Unser Stoffwechsel ist auf die Zufuhr von Nahrungsfetten angewiesen. Denn bestimmte Fettsäuren sind lebensnotwendig, können vom Körper aber nicht selber gebildet werden. Weiterhin ist die Aufnahme der in der Nahrung enthaltenen, fettlöslichen Vitamine bei fettfreier Ernährung nicht möglich! Und selbst ein gewisser Prozentsatz Körperfett darf nicht unterschritten werden, da es die Körpergewebe und Organe vor Kälte und mechanischen Einflüssen schützt. Nicht zu vergessen, dass Fett entscheidend zum Genuss beiträgt. Richtig gut schmeckt es erst durch die Zubereitung mit hochwertigen Nahrungsfetten. Denn Fett ist ein Geschmacksträger, ohne den sich diese zufriedene Trägheit infolge eines guten Essens einfach nicht einstellen will.

Eine Ernährungsumstellung im Rahmen einer Gewichtsreduktion stellt hohe Anforderungen an das Durchhaltevermögen und den Siegeswillen. Ein knurrender Magen wirkt da völlig demotivierend. Zudem lässt im Hungerstoffwechsel die Konzentration nach, die Gedanken kreisen nur noch ums Essen, und meist schaltet der Stoffwechsel auf Sparflamme. Doch das muss nicht sein! Abnehmen und Sattsein ist möglich, wie die LOGI-Methode beweist.

Sättigung entsteht durch die Füllung des Magens, unabhängig davon, wie viele Kalorien der Mageninhalt aufweist. Erst bei entsprechendem »Füllstand« leitet dieser ein Sättigungssignal ans Gehirn. Um ein gutes Gefühl der Magenfülle zu erzeugen, muss die Nahrung ein gewisses Volumen erreichen. Vielen Menschen genügt hierzu eine Nahrungsmenge von 400 bis 500 Gramm. Man kann sich demnach clever sättigen – mit voluminöser und schwerer Nahrung, die gleichzeitig wenig Energie liefert. Das gelingt am besten mit wasserreichen, ballaststoffreichen Lebensmitteln: Stärkearme Salat- und Gemüsesorten sowie zuckerarmen Beeren und Früchte sind hier erste Wahl. Denn diese garantieren einen hohen Wasseranteil, bei gleichzeitig niedriger Energiedichte und hohem Ballaststoffanteil.

Kurzum: Der Schlüssel zu Wohlbehagen und Erfolg liegt in der Energiedichte der ausgewählten Lebensmittel!

Die Energiedichte gibt an, wie viel Energie in 100 Gramm eines Lebensmittels oder Gerichts enthalten ist. Gemessen wird die Energie in Kilokalorien (kcal) oder Kilojoule (kJ). Ideal ist eine Energiedichte unter 125 kcal pro 100 g Gericht, wenn Sie Ihr Gewicht halten oder reduzieren möchten. In diesem Buch weisen fast alle Rezepte eine geringere Energiedichte als 125 kcal pro 100 g auf.

Käsebrötchen. 1 Brötchen à 50 g mit 20 g Butter und 30 g Emmentaler sowie 2 Scheiben Tomate.

Diese Mahlzeit liefert 391 kcal bei einem Nahrungsvolumen von 120 g und einer sehr hohen Energiedichte von 325 kcal pro 100 g.

Salat Niçoise. (Zutaten siehe Seite 114)

Diese Mahlzeit liefert 405 kcal bei einem Nahrungsvolumen von 495 g und einer niedrigen Energiedichte von 82 kcal pro 100 g.

Obwohl der Energiegehalt beider Mahlzeiten ähnlich ist, wird der Salat aufgrund der mehr als dreifachen Portionsgröße deutlich besser sättigen. Kombinieren Sie also die richtige Energiedichte mit dem entsprechenden Nahrungsvolumen und einer satten Zufriedenheit steht nichts mehr im Wege.

VEGETARISCH

DIE AUSWAHL MACHT'S!

Nährstoffdichte.

Die Energiedichte ist nicht mit der Nährstoffdichte zu verwechseln! Diese drückt einen ganz anderen Sachverhalt aus. Die Nährstoffdichte bringt zum Ausdruck, wie hoch der Gehalt an Makro- und Mikronährstoffen eines Lebensmittels in Relation zum Energiegehalt ist. Je mehr wertvolle Inhaltsstoffe schon bei geringem Energiegehalt im Lebensmittel enthalten sind, desto hochwertiger ist dieses. Denn bei hoher Nährstoffdichte liefert es viele wertvolle Inhaltsstoffe, ohne das Energiekonto über Gebühr zu belasten.

Weißmehlprodukte, Zucker oder Alkohol liefern hingegen »leere Kalorien«, was bedeutet, dass sie neben der (Kohlenhydrat-)Energie keine bzw. kaum wertvolle Inhaltsstoffe aufweisen.

Hohe Nährstoffdichte: Gemüse, Hülsenfrüchte, Milch und viele Milchprodukte sowie die meisten Obstsorten.

Niedrige Nährstoffdichte: Allen voran Produkte aus Auszugsmehl (Weißmehl) wie Brötchen, Brot oder auch Gebäck sowie Süßigkeiten mit hohem Zuckeranteil wie Kekse, Schokolade oder Gummibärchen.

Gerade in der vegetarischen LOGI-Ernährung ist die Nährstoffdichte durch den regelmäßigen Verzehr der ausgewählten Lebensmittel hoch! Selbst wenn Sie Ihre Energiezufuhr einschränken, sind Sie auch beim vegetarischen Essen nach LOGI in Hinblick auf die Versorgung mit Vitaminen, Mineralstoffen, Spurenelementen & Co. gut versorgt!

Abwechslungsreich essen, was Ihnen schmeckt.

Einigen Menschen dient das Essen lediglich der Sättigung. Sie machen sich wenige Gedanken über Geschmack und Genuss. Hauptsache die Mahlzeit macht satt und ist im Idealfall auch noch günstig. Für all diejenigen, für die Essen einen höheren Stellenwert hat und die mit allen Sinnen und leidenschaftlich genießen, kommt eine einseitige Diät einer harten Strafe gleich. Während einer typischen Reduktionsdiät mit eingeschränkter Auswahl verliert Ihr Leben Glanz und Farbe. Ein solches Gefühl des Verzichts übermannt auch die Gefühlswelt und fördert Frust und Verzweiflung. Deswegen enden zahlreiche Diätversuche oft damit, dass die guten Vorsätze schnell wieder über Bord geworfen werden und das Projekt »Abnehmen« bald wieder eingestellt wird. Dazu kommt meist noch das schlechte Gewissen, schon wieder versagt zu haben. Kennen Sie das auch?

Der Schlüssel zum Erfolg liegt im Genuss! Essen Sie nur, was Ihnen auch schmeckt. Wählen Sie dabei den Großteil der Lebensmittel aus der Basis und der zweiten Stufe der LOGI-Pyramide. Kombinieren Sie diese ganz nach Ihren Vorlieben und so abwechslungsreich wie möglich. Lassen Sie sich auch auf Experimente ein und entdecken Sie neue Geschmacksrichtungen oder Zubereitungsarten für sich. Bestimmt inspirieren Sie auch die Gerichte des nachfolgenden Rezeptteils. Auf dass Ihr (Ess-)Alltag noch bunter und abwechslungsreicher werde!

Klare Grundsätze, einfache Umsetzung.

In der Theorie klingen viele Ernährungsempfehlungen logisch und scheinen gut nachvollziehbar. Allzu oft erweist sich die praktische Umsetzung jedoch etwas schwierig. Und dieses vorprogrammierte Scheitern führt meist vorzeitig zur Aufgabe des Vorhabens abzunehmen oder gesünder zu essen.

»Je einfacher, desto besser« ist eine wichtige Grundregel für Erfolgskonzepte. Und dieser folgt ganz eindeutig die LOGI-Methode. Mithilfe der Pyramide und anhand der entsprechenden Empfehlungen zu Zufuhrmengen und -häufigkeiten fällt es leicht, täglich aus den Lebensmitteln auszuwählen und leckere Gerichte zuzubereiten. Sie müssen weder Kalorien zählen noch komplizierte Vorgaben beachten. Und dennoch bedarf jede Umstellung liebgewonnener Gewohnheiten, die in Fleisch und Blut übergegangen sind, viel Zeit und Geduld. Überlegen Sie, wie lange Sie vielleicht schon ungesunde Gewohnheiten pflegen, die auch das Übergewicht begünstigt haben. Was sich womöglich über Jahre angesammelt hat, lässt sich nicht binnen weniger Tage oder Wochen wieder abbauen. Schon gar nicht, wenn das Ergebnis dauerhaft sein soll. Haben Sie Geduld mit sich! Bewegen Sie sich Schritt für Schritt in die richtige Richtung.

Lebensmittelbasis für die fleischlose LOGI-Ernährung.

Gemüse und Obst.

Gemüse und Obst bilden die Basis der LOGI-Ernährung. Ganz gleich, ob Sie diese klassisch oder rein fleischlos auffassen. Und Gemüse und Obst sind unerlässliche Bestandteile einer ausgewogenen Ernährung!

Die meisten Gemüsesorten stehen uns im Supermarkt fast ganzjährig zur Verfügung. Längst vorbei sind die Zeiten, in denen man sehnsüchtig auf die Zeit wartete, da die ersten wunderbar süßen und wohlschmeckenden Erdbeeren reif wurden oder der erste Spargel auf dem Markt angeboten wurde. Das Aroma der Früchte und einiger Gemüsesorten bleibt allerdings oft auf der Strecke, weil die Verbraucher erwarten, jederzeit über (fast) alle Gemüse- und Obstsorten verfügen zu können. Spargel aus Chile im November schmeckt fad und Erdbeeren im Dezember erinnern nur vage an unsere hocharomatische Sommerfrucht. Auch die »inneren Qualitäten« der Lebensmittel sind nicht die, die sie sein könnten: Viele Nährstoffe gehen im Zuge langer Transportwege und Lagerzeiten verloren. Oft liegt die importierte Frischware noch einige Tage im Supermarkt und nach dem Kauf im Kühlschrank, bevor sie endlich verzehrt wird. Die lange Zeitspanne zwischen Ernte und Verzehr fördert jedoch weder die Aromaentwicklung der unreif geernteten Produkte noch kommt sie deren Vitamingehalt zugute. Achten Sie deshalb beim Einkauf auf frische Ware. Erkundigen Sie sich beim Marktleiter nach den Lieferterminen oder suchen Sie sich einen Einzelhändler Ihres Vertrauens, der Ihnen garantiert erntefrische Ware anbieten kann. Sie können sich aber auch erntefrische Gemüse- und Obstkisten direkt ins Haus liefern lassen. Viele Anbieter von Bioware ergänzen diese Kisten auf Wunsch auch noch mit anderen Lebensmitteln wie Eier, Käse, Milch etc.

Wenn's mal schnell gehen muss, können Sie auch auf gefrorenes Gemüse oder Obst zurückgreifen (TK-Ware). Da dieses direkt nach der Ernte verarbeitet und schockgefrostet wird, bleiben dessen wertgebende Inhaltsstoffe weitgehend erhalten. Achten Sie jedoch darauf, dass die Tiefkühlprodukte keine Zusätze enthalten. Es sollte sich um pures Obst oder Gemüse handeln.

Gemüse und Obst gelegentlich in flüssiger Form zu naschen, als Smoothie oder Frucht- bzw. Gemüsesaft, ist generell nicht verwerflich. Doch dessen regelmäßiger Konsum, etwa als Ersatz für frisches Obst und Gemüse, ist nicht empfehlenswert. Das gilt insbesondere für Fruchtsäfte. Denn ein halber Liter Fruchtsaft enthält die vielfache Menge an Früchten, die man in natürlicher Form verzehren würde. Man nimmt damit viele Kohlenhydrate in Form von Fruchtzucker und teilweise auch noch zugesetzten Zuckern auf. Der reine Fruchtzucker fördert bei übermäßiger Zufuhr die Fettneubildung im Körper und kann sich negativ auf Blutzucker und Triglyzeride auswirken. Achten Sie beim »flüssigen Gemüse« – zum Beispiel Tomatensaft, Karottensaft, Rote-Bete-Saft oder gemischte Gemüsesäfte – darauf, dass den Säften weder Honig noch Zucker zugesetzt wurde. Solche Kohlenhydrate stellen einen überflüssigen und unerwünschten Zusatz dar!

SAISONKALENDER

	Januar	Februar	März	April	Mai	Juni	Juli	August	September	Oktober	November	Dezember
Obst/Beerenfrüchte												
Aprikosen							■	■				
Brombeeren								■	■			
Erdbeeren						■	■	■	■			
Himbeeren							■	■				
Heidelbeeren							■	■	■			
Johannisbeeren							■	■	■			
Pfirsiche							■	■	■			
Zwetschgen								■	■			
Blattgemüse												
Chicorée	■	■	■	■	■					■	■	■
Endivie				■	■	■	■	■	■	■	■	
Feldsalat	■	■								■	■	■
Frisée					■	■	■	■	■	■		
Kopfsalat					■	■	■	■	■	■		
Mangold						■	■	■	■	■		
Radicchio						■	■	■	■	■		
Rucola					■	■	■	■	■	■		
Spinat			■	■	■	■			■	■		
Stangensellerie							■	■	■	■		
Fruchtgemüse												
Aubergine						■	■	■	■	■		
Gurke						■	■	■	■	■		
Kürbis								■	■	■	■	■
Paprika						■	■	■	■	■	■	
Tomate				■	■	■	■	■	■	■	■	
Zucchini							■	■	■	■		

Meine Devise für den Obst- und Gemüseeinkauf: Saisonale und – idealerweise auch – regionale Lebensmittel bevorzugen. Unsere Geschmacksknospen, unser Körper und die Umwelt danken es uns!

EINKAUFEN

MIT PLAN UND KÖPFCHEN.

	Januar	Februar	März	April	Mai	Juni	Juli	August	September	Oktober	November	Dezember
Wurzelgemüse												
Frühlingszwiebel				■	■	■	■	■	■	■		
Knoblauch							■	■	■			
Knollensellerie	■	■	■					■	■	■	■	■
Lauch						■	■	■	■	■	■	■
Möhren						■	■	■	■	■		
Pastinaken	■	■	■						■	■	■	■
Radieschen						■	■	■	■			
Rettich				■	■	■	■	■	■	■	■	
Rote Bete	■	■	■						■	■	■	■
Schwarzwurzel	■									■	■	■
Steckrübe	■	■	■						■	■	■	■
Topinambur	■	■	■						■	■	■	■
Zwiebel	■	■	■	■	■	■	■	■	■	■	■	■
Kohlgemüse												
Brokkoli					■	■	■	■	■	■	■	
Blumenkohl					■	■	■	■	■	■	■	
Chinakohl	■	■		■	■	■	■	■	■	■	■	■
Grünkohl	■	■									■	■
Kohlrabi				■	■	■	■	■	■			
Rosenkohl	■	■	■						■	■	■	■
Rotkohl	■	■	■	■	■	■	■	■	■	■	■	■
Weißkohl	■	■	■	■	■	■	■	■	■	■	■	■
Wirsing									■	■		
Sonstiges												
Rhabarber				■	■	■						
Spargel					■	■						
Champignons	■	■	■	■	■	■	■	■	■	■	■	■
Austernpilze	■	■	■	■	■	■	■	■	■	■	■	■
Buschbohnen							■	■	■	■		
Fenchel					■	■	■	■	■	■	■	

Gemüse.

Gemüse sollte mindestens zu drei Mahlzeiten verzehrt werden, gerne auch noch öfter. Ideal, wenn über den Tag verteilt je eine Portion Rohkost, eine Portion Gemüse und eine Portion Salat auf den Teller kommen. Eine Portion entspricht immer einer Handvoll. Aber Sie dürfen sich ruhig üppiger bedienen – betrachten Sie die Mengenangaben in diesem Buch nur als Richtwerte.

Was macht Gemüse so wertvoll, dass es bei der LOGI-Methode einen höheren Stellenwert als das allseits beliebte Obst einnimmt? Gemüse ist reich an Vitaminen, Mineralstoffen, Spurenelementen und sekundären Pflanzenstoffen. Es ist ballaststoffreicher als Obst und enthält wenige bis keine Kohlenhydrate, wenig Energie, dafür aber viel Wasser, eine ideale Voraussetzung für eine gute Sättigung. Denn seine niedrige Energiedichte bei gleichzeitig großem Nahrungsvolumen (400–500 Gramm) sorgt für eine starke Dehnung der Magenwand. Und diese zu einem wünschenswerten Sättigungssignal.

Blattgemüse. Zum Blattgemüse gehören jegliche Blattsalate wie Kopfsalat, Feldsalat, Rucola oder Endivie, Frisée und Radicchio. Aber auch Spinat, Mangold und Stangensellerie zählen dazu. Diese Gemüsesorten lassen sich in der Küche vielseitig verwenden: roh im Salat genauso wie als Gemüse in Aufläufen, Rouladen, Suppen, Saucen und vielem mehr.

Praktische Tipps und Infos zum Blattgemüse:

- Bereiten Sie Blattgemüse möglichst rasch nach dem Einkauf zu, da Qualität und Aroma mit zunehmender Lagerung abnehmen.
- Probieren Sie öfter mal etwas Neues. Haben Sie zum Beispiel Radicchio, Frisée oder Endivie schon einmal gebraten oder gratiniert probiert? Dabei erfahren Sie ein ganz neues Geschmackserlebnis.
- Einige Blattsalate wie Chicorée, Endivie oder Radicchio enthalten Bitterstoffe. Da diese in Bioprodukten nicht extra herausgezüchtet werden, sind die darin oft noch intensiver zu schmecken. Bitterstoffe in Gemüse haben aber durchaus positive Wirkung: Sie regen unter anderem die Produktion von Gallensäuren und somit die Fettverdauung an.
- Sollten Sie es nicht allzu bitter mögen, dann wässern Sie die Salatköpfe – im Ganzen! – wenige Minuten in warmem Wasser oder mischen Sie bittere mit milderen Salatsorten. Auch Erhitzen wie Anbraten oder Gratinieren mildert das Aroma.
- Spinat ist und bleibt ein guter Eisenlieferant. Vitamin C verbessert die Aufnahme des pflanzlichen Eisens erheblich. Vitamin C steuern zum Beispiel der Zitronensaft in der Salatsauce, die Paprika im Salat oder eine Kiwi als Nachspeise bei.
- Spinat und Mangold eignen sich wunderbar für vegetarische Rouladen mit einer Füllung aus Tofu, Nüssen, Käse, Ei oder Pilzen (siehe Rezeptteil).
- Wenn's schnell gehen muss, können Sie gefrorenen Blattspinat verwenden. Dann verwenden Sie aber etwa ein Viertel weniger als für frischen Spinat angegeben.

Fruchtgemüse. Zu den Fruchtgemüsesorten zählen sowohl Tomaten, Paprikaschoten, Auberginen und Gurken als auch Avocados, Kürbisse, Zucchini und Melonen.

Neben den Möhren sind Tomaten, Paprikaschoten und Gurken die beliebtesten Gemüsesorten und in den meisten Haushalten anzutreffen. Sie schmecken Groß und Klein und bilden deswegen auch bei den LOGI-Rezepten die Basis für viele schmackhafte Gerichte.

Praktische Tipps und Infos zum Fruchtgemüse:

- Tomaten nicht im Kühlschrank lagern, das lässt sie matschig werden.
- Cocktailtomaten oder kleine Datteltomaten schmecken meist aromatischer und süßer als ihre »großen« Verwandten, sowohl roh als auch in warmen Gerichten.
- Wenn's schnell gehen soll sowie außerhalb der Saison, können Sie zum Beispiel für Saucen oder Aufläufe auf Tomaten aus der Dose zurückgreifen. Da die Tomaten direkt nach der Ernte verarbeitet werden, sind sie oft sogar aromatischer als frische Importware. Außerdem ist z. B. das Carotinoid Lycopin aus erhitzten Tomaten besonders gut verfügbar.
- Getrocknete Tomaten verleihen warmen Gerichten und Salaten ein süßliches und mediterranes Aroma. Dosieren Sie sie in eher kleinen Mengen, denn wie auch bei Trockenfrüchten ist der Kohlenhydratgehalt in getrockneten Tomaten höher als in frischen Tomaten.
- Angeschnittene oder gewürfelte Avocado am besten sofort mit Zitronensaft beträufeln, da sich ihr schönes Grün bei Kontakt mit Sauerstoff sonst schnell braun färbt.
- Unter den Speisekürbissen ist der Hokkaidokürbis mein absoluter Favorit in der Küche. Nicht nur wegen seines nussig-aromatischen Fruchtfleischs, sondern auch wegen seiner einfachen Verarbeitung: Er kann mitsamt der Schale zubereitet werden. Das lästige und zeitaufwendige Schälen entfällt somit, wenn's schnell gehen muss. Wer die Schale nicht mitessen mag, kann sie aber auch entfernen.
- Hokkaidokürbis ist fast ganzjährig verfügbar, lässt sich gut lagern und besticht durch sein tolles Aroma.
- Aus Kürbissen lässt sich viel mehr zubereiten als die klassische Suppe! Probieren Sie doch einmal, wie Ihnen Kürbispüree, gebratener Kürbis auf Feldsalat oder Kürbisspalten vom Backblech schmecken.
- Melonen gehören zur Familie der Kürbisgewächse und somit botanisch zum Gemüse. Doch sie enthalten je nach Sorte mehr Kohlenhydrate als die meisten Gemüsesorten. Daher empfehle ich, insbesondere die Sorten der Zuckermelone als Obst zu betrachten und entsprechend maximal zwei Portionen pro Tag zu essen.

Sekundäre Pflanzenstoffe – SPS.

Wichtige gesundheitsfördernde Inhaltsstoffe von Gemüse, Obst und auch Hülsenfrüchten (v. a. Sojabohnen, Erbsen, Linsen) sind die sekundären Pflanzenstoffe. Diese Pflanzenstoffe sind für die Pflanzen nicht lebensnotwendig, verbessern aber deren Lebensbedingungen, indem sie zum Beispiel als UV-Schutz, Farbstoff, Bitterstoff oder Stabilisator fungieren. Ihnen werden auch vielfältige gesundheitsfördernde Eigenschaften für den menschlichen Organismus zugeschrieben. So können sie scheinbar den Blutdruck, den Blutzuckerspiegel, die Verdauung und das Immunsystem positiv beeinflussen. Sie wirken antioxidativ, antimikrobiell und entzündungshemmend. Und sogar das Wachstum von Krebszellen scheinen sie zu hemmen.

Beispielhaft sei eine Gruppe der SPS vorgestellt: Die gemeinhin bekannteste Gruppe sekundärer Pflanzenstoffe sind die Pflanzenfarbstoffe Carotinoide. Ihre prominentesten Vertreter sind das Betacarotin (orangegelber Farbstoff) und das Lycopin (roter Farbstoff). Ihnen wird eine antioxidative Wirkung zugeschrieben, sprich, sie können unsere Körperzellen vor Sauerstoffradikalen schützen. Zudem haben Carotinoide einen positiven Einfluss auf das Immunsystem. Gute Lieferanten dieser Pflanzenfarbstoffe sind rotes und gelbes Gemüse und Obst – z. B. Möhren, Kürbis, Tomaten, Wassermelonen, Aprikosen, rote Grapefruits. Auch grünes Gemüse kann sehr viele Carotinoide enthalten, selbst wenn der grüne Pflanzenfarbstoff Chlorophyll diese überdeckt. Das trifft z. B. auf Spinat, Grünkohl und Brokkoli zu. Betacarotin und Lykopin sind hitzestabil und besonders gut verfügbar aus erhitztem und zerkleinertem Gemüse und Obst. Eine Nahrungsergänzung mit isolierten sekundären Pflanzenstoffen kann hingegen nicht empfohlen werden, da diese wohl vor allem im Zusammenspiel wirken.

Wurzelgemüse. Zum Wurzelgemüse zählen alle Vertreter sowohl aus der Familie der Knollengemüse als auch der Zwiebelgemüse. Die meisten Sorten sind lange haltbar und können daher im Winter gut über mehrere Tage bis Wochen gelagert werden. Das kohlenhydratarme Knollengemüse bietet sich als LOGI-konformer Ersatz für die kohlenhydratreicheren Kartoffeln oder für Pasta an.

Knollengemüse: Möhren, Pastinaken, Topinambur, Sellerie, Steckrüben, Schwarzwurzel, Rote Bete, Rettich, Radieschen.

Zwiebelgemüse: Zwiebeln, Frühlingszwiebeln, Knoblauch, Lauch.

Praktische Tipps und Infos zum Wurzelgemüse:

- Pastinaken oder Möhren bieten sich besonders gut als Pastaersatz an. In Form von Spaghetti oder Linguine geschnitten, kurz in Öl knackig gebraten oder auch al dente gekocht können sie mit allerlei klassischen Nudelsaucen serviert werden.
- Eine kohlenhydratarme und wohlschmeckende Alternative zu Kartoffelpüree können Sie auf Basis von Sellerie, Steckrüben, Möhren oder Pastinaken zubereiten.
- Topinambur eignet sich optisch und geschmacklich hervorragend als Kartoffelersatz – ob als Topinambursalat, gekocht zu Kräuterquark oder als Püree. Dabei enthält Topinambur weniger als die Hälfte der Kohlenhydrate einer entsprechenden Menge Kartoffeln. Sein Aroma ist leicht süßlich und etwas nussig.
- Topinambur enthält Inulin, ein unverdauliches Reservekohlenhydrat, das so gut wie keine Insulinreaktion hervorruft. Ein weiterer Pluspunkt ist die Tatsache, dass Inulin als Ballaststoff das Sättigungsgefühl fördert und sich positiv auf die Darmflora auswirkt.
- Die Schwarzwurzel steht leider nur noch sehr selten auf den Speisezetteln. Dabei schmeckt sie sehr delikat und ist ausgesprochen reich an wertvollen Mikronährstoffen. Darüber hinaus kann sie außerhalb der Saison als Spargelersatz verwendet werden.
- Ein Problem stellt das Schälen der Schwarzwurzeln dar: Sie müssen vor dem Schälen sehr, sehr gründlich in Wasser sauber gebürstet werden. Danach kann man sie roh schälen – am besten mit dem Sparschäler, ohne dass der Milchsaft das Messer verklebt. Noch besser: Nach dem Waschen im Dampfdrucktopf garen und dann schälen. Auch nach dem Garen in Wasser mit etwas Essig und Kümmel (15–20 Minuten) lassen sich die Wurzeln leicht schälen, fast wie Pellkartoffeln.
- Da Schwarzwurzeln sich bei Kontakt mit Sauerstoff schnell braun verfärben, sollten sie gleich nach dem Schälen in Zitronenwasser gelegt werden.
- Wurzelgemüse wie Möhren, Pastinaken, Topinambur, Sellerie und Rettich schmecken auch als Rohkost sehr gut. Kalt gepresste Pflanzenöle wie Walnuss-, Hanf- oder Leinöl verleihen solchen Salaten ein nussiges Aroma und werten ihren Nährwert durch wertvolle Omega-3-Fettsäuren zusätzlich auf.

Wertvoller Ballast.

Ihr Name ist ebenso treffend wie irreführend: Ballaststoffe sind Lebensmittelbestandteile, die der Körper nicht oder kaum verdauen kann. Das bedeutet aber nicht, dass sie Ballast für den Körper sind! Im Gegenteil. Sie erfüllen wichtige Funktionen: Aufgrund ihrer Quellfähigkeit sorgen sie für ein gutes Sättigungsgefühl und regen die Verdauung an. Sie haben günstige Auswirkungen auf den Blutzucker- und den Insulinhaushalt und können durch Bindung von Gallensäuren zur Senkung des Cholesterinspiegels beitragen. Für den Aufbau und Erhalt einer gesunden und starken Darmflora sind Ballaststoffe unverzichtbar.

Die empfohlene Zufuhr von Ballaststoffen liegt bei 30 Gramm pro Tag, für Diabetiker sogar höher. Durch eine bunte, abwechslungsreiche Mischung von Gemüse, Obst und Hülsenfrüchten im Speiseplan gelingt es gerade Vegetariern meist problemlos, ihren Ballaststoffbedarf zu decken.

30 g Ballaststoffe (BS) sind zum Beispiel enthalten in

50 g Linsen (Trockengewicht) (5,5 g BS)

plus 100 g frische grüne Bohnen (3 g BS),
plus 300 g Spinat (7,5 g BS),
plus 100 g Sellerie (4,2 g BS),
plus 150 g Apfel (3 g BS),
plus 100 g Johannisbeeren (7,4 g BS).

- Rote Bete ist ein sehr nitratreiches Gemüse. Um die Bildung von krebserregenden Nitrosaminen einzuschränken, sollte sie immer mit Vitamin-C-reichen Zutaten ergänzt werden. Zum Beispiel durch Abrunden des Gerichts mit Zitronensaft oder anderen rohen Gemüsesorten wie Paprika oder Feldsalat. Eine andere Möglichkeit ist der Verzehr Vitamin-C-reicher Früchte oder Gemüse während derselben Mahlzeit (z. B. Brokkoli, Kiwi oder Zitrusfrüchte).
- Wenn's schnell gehen muss, können Sie auch zu gegarter und vakuumverpackter Roter Bete greifen. Generell empfiehlt es sich, beim Arbeiten mit Roter Bete Einmalhandschuhe zu tragen, um die Hände vor Verfärbung zu schützen.
- Ihren typischen Geruch verdanken Zwiebeln und Knoblauch den Sulfiden (eine Gruppe sekundärer Pflanzenstoffe). Diese kommen auch in Lauch, Frühlingszwiebeln, Brokkoli, Schnittlauch und Grünkohl vor. Ihnen wurden antioxidative, antimikrobielle und entzündungshemmende sowie sogar krebshemmende und immunmodulatorische Eigenschaften nachgewiesen. Das macht Zwiebeln & Co. nicht nur als würzige Zutat in der Küche, sondern auch aus gesundheitlicher Sicht interessant!

Kohlgemüse. Dazu gehören viele der klassischen Wintergemüse wie Weißkohl, Rotkohl, Rosenkohl, Chinakohl und Wirsing sowie Blumenkohl, Brokkoli, Grünkohl und Kohlrabi. Kohlgemüse ist ebenso gut haltbar wie Wurzelgemüse und kann daher unter entsprechenden Voraussetzungen lange eingelagert werden. Auch wenn einige Kohlsorten hierzulande an Bedeutung verloren haben, muss sich Kohlgemüse kulinarisch betrachtet keineswegs verstecken!

Praktische Tipps und Infos zum Kohlgemüse:

- Kohlgemüse sind gute Ballaststoff- und Vitamin-C-Lieferanten. Zu Zeiten da Südfrüchte noch nicht verfügbar waren und Vitamin-C-reiches Gemüse wie Paprika nur saisonal auf dem Speiseplan standen, war Kohl hierzulande eine der wichtigsten Vitamin-C-Quellen.
- Mit den Blättern von Weißkohl, Rotkohl oder Wirsing lassen sich tolle vegetarische Kohlrouladen zubereiten. Probieren Sie sie mit Füllungen auf Basis von Tofu, Zwiebeln, Nüssen, Käse, Ei oder Pilzen aus. Anregungen finden Sie im Rezeptteil.
- Um die Verträglichkeit von Kohl zu verbessern, sollten Sie stets ein wenig Kümmel oder getrockneten Koriander ans Gericht geben.
- Kohlgemüse lassen sich gut gratinieren, zum Beispiel mit Käse.
- Wem der ausgeprägte Geschmack von Kohl zu intensiv ist, sollte Gerichte mit dem wesentlich milderen Chinakohl zubereiten. Dieser kann mitgebraten oder mitgegart, überbacken und natürlich roh als Salat verzehrt werden.
- Wenn's schnell gehen soll, können Sie auch auf Rosenkohl, Brokkoli oder Blumenkohl aus der Tiefkühltruhe zurückgreifen.

Pilze – eine botanische Besonderheit.

Pilze sind botanisch gesehen keine Pflanzen, sondern bilden eine eigene Gruppierung. Doch sie schmecken richtig gut, sind LOGI-konform und definitiv auch nicht tierischen Ursprungs, deswegen seien sie in diesem Kapitel erwähnt. Pilze passen besonders gut in die LOGI-Ernährung, da sie wenig Energie, aber viel Wasser enthalten und somit eine niedrige Energiedichte aufweisen. Zudem sind sie reich an Eiweiß, Ballaststoffen und Mineralstoffen. Ihre kulinarischen und ernährungsphysiologischen Werte machen sie gerade in der vegetarischen Küche fast unverzichtbar. Pilze sind vielfältig einsetzbar. Sie schmecken beispielsweise gebraten, in herzhaftem Ragout, mit Tofuklößchen, gedünstet, im Omelett, mit Käse überbacken, im Auflauf, paniert mit Sesam als vegetarisches Schnitzel, in Knoblauchöl mariniert und gegrillt oder roh in Salaten. Auch hier sorgt eine abwechslungsreiche Nutzung der verschiedenen Sorten dafür, dass keine Langeweile aufkommt. Ob Champignons, Austernpilze, Pfifferlinge oder die edlen Steinpilze – bauen Sie Pilze regelmäßig in Ihre Mahlzeiten ein und bevorzugen Sie saisonale Ware.

»Gemüse satt.«

Die Empfehlung, drei Portionen Gemüse pro Tag zu verzehren, kann gerne überschritten werden. Essen Sie ruhig so viel Gemüse, wie es Ihnen schmeckt. Da Gemüse wasser- und ballaststoffreich ist, aber kaum Energie enthält, besteht kein Grund, sich zurückzuhalten. Sie können auch die in den Rezepten angegebenen Mengen erhöhen, soweit dies den geschmacklichen Gesamteindruck nicht wesentlich verfälscht. Die Devise lautet: Gemüse satt!

Obst.

Täglich nicht weniger und nicht mehr als zwei Portionen Obst lautet die LOGI-Empfehlung. Und das gilt auch im Rahmen der fleischlosen LOGI-Ernährung! Obst ist reich an Vitaminen, Mineralstoffen und sekundären Pflanzenstoffen. Zudem ist Obst wasserreich, weist meist eine niedrige Energiedichte auf und liefert Ballaststoffe. Somit scheint es die ideale Basis für eine gute Sättigung.

Doch Achtung: Im Gegensatz zu Gemüse enthalten die süß schmeckenden Früchte Fruchtzucker. Und dieser Zuckerabkömmling wird vom Körper schnell in Fett umgewandelt und stimuliert darüber hinaus die Einlagerung von Nahrungsfetten. Dieser Effekt ist nach dem Konsum von Fruchtzucker stärker als nach der Aufnahme von Glukose (Traubenzucker), wie Wissenschaftler erst in diesem Jahrhundert entdeckt haben. Das wirft ein ganz neues Licht auf die Empfehlung, Diabetiker sollten zum Süßen Fruchtzucker bevorzugen. Und auch die Verwendung von Fruchtzucker zum Süßen einer Reihe von Fertigprodukten sollte kritisch überdacht werden. Daher sollte der durchschnittliche Obstkonsum auf zwei Portionen – am besten zuckerarme Früchte – beschränkt sein. Die nachfolgenden Übersichten geben Ihnen einen ersten Überblick, welche Früchte eher zuckerarm und welche eher zuckerreich sind.

Praktische Tipps und Infos zu frischen Früchten:

- Die Empfehlung, zuckerarme Obstsorten zu bevorzugen, fällt vielen Menschen schwer. Daher empfehle ich, zugunsten eines optimalen Geschmacks, hin und wieder zuckerarme mit zuckerreichen Obstsorten zu kombinieren, wenn Sie das möchten. Sollten Sie mehr als zwei Portionen Obst am Tag bzw. häufig zuckerreiche Obstsorten essen, versuchen Sie, dies an anderer Stelle wieder wett zu machen. Zum Beispiel durch Einsparung von Kohlenhydraten bei einer anderen Mahlzeit.
- Verspüren Sie oft Lust auf etwas Frisches? Dann greifen Sie statt zu frischen Früchten zu Paprika, Gurken, Radieschen oder anderen rohen Gemüsesorten. Diese sind deutlich kohlenhydratärmer, aber ebenso saftig und lecker.
- Eine wichtige LOGI-Weisheit ist, besonders zuckerreiches Obst mit Eiweiß zu kombinieren. Die sättigende Wirkung eiweißreicher Lebensmittel mildert die appetitanregende Wirkung des Fruchtzuckers. Verzehren Sie daher Milch und Milchprodukte, Tofu, Sojadrink oder Sojajoghurt zum Obst.
- Hinsichtlich der täglichen Ballaststoffzufuhr leisten frische Früchte, und hier allen voran die Beerenfrüchte, einen wichtigen Beitrag zur Versorgung. So können Sie mit 200 Gramm Johannisbeeren oder mit einem Beerenmix aus je 100 Gramm Himbeeren, Brombeeren und Erdbeeren bereits die Hälfte der empfohlenen Ballaststoffzufuhr von 30 Gramm pro Tag decken.

OBST
ERFRISCHEND UND SÜSS.

Kohlenhydratarme Obstsorten* (< 13 g KH pro 100 g)

	KH (in Gramm)	Ballaststoffe (in Gramm)
Papaya	2,4	1,9
Brombeere	2,7	6,6
Sternfrucht (Karambole)	3,5	1,9
Himbeere	4,8	6,7
Erdbeere	5,5	2 g
Johannisbeere	7,3	7,4
Heidelbeere	7,4	4,9
Wassermelone	8,3	0,3
Aprikose	8,5	1,9
Pfirsich	8,9	2,3
Grapefruit	9	0,6
Orange	9,2	2,2
Mandarine	10,1	1,7
Pflaume	10,2	1,7
Kiwi	10,8	3,9
Kiwi Gold	11,2	1,4
Apfel	11,4	2
Birne	12,4	2,8
Honigmelone	12,4	1
Mango	12,8	1,7
Feige	12,9	2

Kohlenhydratreiche Obstsorten* (> 13 g KH pro 100 g)

	KH (in Gramm)	Ballaststoffe (in Gramm)
Banane	21,4	2
Litchi	17	1,6
Kaki	16	3
Granatapfel	16,7	2,2
Weintraube	15,6	0,8
Ananas	13,1	1,4
Kirschen	13,3	1,5
Physalis	13,3	0,5
Passionsfrucht	13,4	1,45

* *BLS (Bundeslebensmittelschlüssel)*

Viele gute Fette.

Der Mensch braucht Fett. Fett ist ein hervorragender Energielieferant und schützt, ins Körpergewebe eingebaut, zum Beispiel vor mechanischen Einflüssen und Kälte. Auch können fettlösliche Vitamine nicht aufgenommen werden, wenn das Essen fettfrei ist. Ebenso wichtig ist Fett als Geschmacksträger. Und da einige Nahrungsfette essenzielle Fettsäuren liefern, die der Körper nicht selber herstellen kann, sollte auf Fett aus gesundheitlichen Gründen keinesfalls verzichtet werden. Besonders empfehlenswert ist der – nicht zu knappe – Einsatz von pflanzlichen Ölen in der Küche. Möglichst oft in Kalt gepresster Form.

Mittlerweile ist das Ölangebot in gut sortierten Supermärkten sehr vielfältig. Da fällt die Auswahl auf den ersten Blick schwer. Raps- und Olivenöl sollten in keinem Haushalt fehlen. Sie enthalten verhältnismäßig hohe Anteile der Gefäß schützenden einfach ungesättigten Fettsäuren, allen voran Ölsäure. Zudem enthalten sie die essenziellen mehrfach ungesättigten Fettsäuren Linolsäure (Omega-6-Fettsäure) und alpha-Linolensäure (Omega-3-Fettsäure).

Auch beim Öl gilt die Devise: Die Abwechslung macht's! Ideal, wenn Sie täglich unterschiedliche Speiseöle verwenden.

GUTE FETTE

BUTTER UND ÖLE.

Omega-3-Fettsäuren und Omega-6-Fettsäuren.

Diese beiden mehrfach ungesättigten Fettsäurefamilien sollten über die Ernährung in einem ausgewogenen Verhältnis zueinander aufgenommen werden. Ideal wäre ein Verhältnis von Omega-6 zu Omega-3 von 1:1 bis 3:1.

Wenn die pflanzlichen Omega-6-Fettsäuren (Linolsäure) in deutlich höherer Menge als die pflanzlichen Omega-3-Fettsäuren (alpha-Linolensäuren) aufgenommen werden, hemmen sie deren Umbau zu den lebenswichtigen langkettigen hochungesättigten Omega-3-Fettsäuren (EPA und DHA) im Körper. Deswegen sollte die Verwendung von Ölen mit hohem Anteil an Omega-6-Fettsäuren eingeschränkt werden: Sonnenblumenöl, Weizenkeimöl, Maiskeimöl, Traubenkernöl und Distelöl.

Omega-3-Fettsäuren hingegen wirken entzündungshemmend und haben eine Reihe positiver Wirkungen auf das Herz-Kreislauf-System. So wirken sie gefäßerweiternd und damit blutdrucksenkend. Sie verbessern die Fließeigenschaften des Blutes (als Bestandteil der roten Blutkörperchen), hemmen die Blutgerinnung und senken die Thromboseneigung.

Rapsöl enthält Omega-3-Fettsäuren und Omega-6-Fettsäuren im idealen Verhältnis. Die wahren Omega-3-Stars sind jedoch Walnüsse und Walnussöl, Leinöl und Hanföl. So enthält Hanföl große Mengen der beiden essenziellen Fettsäuren – und zwar in nahezu idealem Verhältnis von 2:1. Mit einem Esslöffel Hanföl können Sie bereits Ihren Tagesbedarf an essenziellen Fettsäuren decken. Einfacher geht's nicht!

Besonders im Rahmen einer vegetarischen Ernährung oder bei seltenem (Fett-)Fischkonsum empfiehlt sich die regelmäßige Zufuhr von Hanföl und Leinöl. Denn auch Leinöl gilt als gute Quelle für Omega-3-Fettsäuren, da es zu über 50 Prozent aus alpha-Linolensäure besteht. Dass Lein- und Hanföl nicht ganz oben in den Empfehlungslisten stehen, liegt vor allem an ihren intensiv ausgeprägten Aromen. Kaufen Sie zunächst kleine Flaschen dieser Öle und probieren Sie aus, wozu Ihnen diese schmecken.

Die besten Öle in der vegetarischen LOGI-Ernährung.

Ölsorte	Geschmack	Verwendung	Besonderheiten
Hanföl	nussig-grasig, blumig-heu-artig, intensives Aroma	Nur in der kalten Küche – nicht erhitzen!	hoher Anteil essenzieller Fettsäuren
Kürbiskernöl	nussig-herb mit intensivem Aroma	Nur in der kalten Küche – nicht erhitzen!	unverwechselbares Aroma
Leinöl	nussig-bitter mit intensivem Aroma	Nur in der kalten Küche – nicht erhitzen!	besonders reich an Omega-3-Fettsäuren
Olivenöl	je nach Herkunft der Oliven unterschiedlich –fruchtiges, herbes, würziges oder ganz feines Aroma	In der kalten Küche wie auch zum Braten, Backen, Grillen und Schmoren – für Temperaturen > 180° nur raffiniertes Olivenöl verwenden.	gutes Bratfett dank des hohen Ölsäureanteils
Rapsöl	sehr unterschiedlich, abhängig von Herstellung und Rapssorte: von nahezu ohne Eigengeschmack bis intensivem, frischem Aroma mit leicht nussiger Note	In der kalten Küche sowie zum schonenden Garen und Backen.	spezielle Rapsöle auch zum Hocherhitzen und Braten geeignet
Sesamöl	mild-nussiges Sesamaroma	Zum Kochen, Braten und – das dunkle Sesamöl ausschließlich – in der kalten Küche.	verleiht Speisen ein exotisch nussiges Aroma
Walnussöl	kräftig-nussiges Walnussaroma	Nur in der kalten Küche – nicht erhitzen!	besonders reich an Omega-3-Fettsäuren

Praktische Tipps und Infos zu Pflanzenölen:

- Kalt gepresste und nicht raffinierte Pflanzenöle enthalten noch all ihre wertvollen Bestandteile, u.a. Vitamine und sekundäre Pflanzenstoffe. Bei der Raffination von Ölen werden diese entfernt, wodurch allerdings auch der ursprüngliche Eigengeschmack der Öle etwas gemildert wird. Bei manchen Ölen ist das durchaus erwünscht.
- Achten Sie beim Kauf von Olivenöl auf die Bezeichnung »nativ extra« bzw. »nativ«, dahinter verbergen sich die Öle besserer Qualität.
- Ist Ihnen das Aroma von Kalt gepresstem Rapsöl zu intensiv, da es eine leicht bittere Note hat, bevorzugen Sie Rapskernöl. Dieses wird aus den geschälten Rapskernen hergestellt und enthält dadurch nicht die Bitterstoffe aus der Schale.
- Öle sollten nach Anbruch der Flasche innerhalb weniger Wochen verbraucht werden. Bevorzugen Sie daher beim Ölkauf kleine Flaschen. Das hat zudem den Vorteil, dass Sie viele unterschiedliche Öle gleichzeitig nutzen können.
- Um die empfindlichen Fettsäuren in Kalt gepressten Pflanzenölen vor Oxidation durch Luftsauerstoff zu schützen, sollten Sie diese dunkel und trocken in einem verschlossenen Gefäß lagern (dunkle Flasche, dunkler Ort) oder im Kühlschrank aufbewahren.

- Im Kühlschrank gelagerte Pflanzenöle können ausflocken, was jedoch kein Zeichen von Verderb ist! Die enthaltenen Fettsäuren werden bei Kühlschranktemperaturen zum Teil fest und bilden Flocken. Nehmen Sie das Öl daher immer rechtzeitig vor Gebrauch aus dem Kühlschrank, damit es wieder flüssig wird und sein Aroma entfalten kann.
- Leinöl sollte auf jeden Fall im Kühlschrank aufbewahrt werden, da es besonders empfindlich ist.
- Leinöl hat ein sehr intensives Eigenaroma und ist deshalb nicht jedermanns Sache. Das Mischen mit anderen Pflanzenölen bei der Zubereitung eines Gerichts mildert sein intensives Aroma.
- Wenn Sie sich aus gesundheitlichen Gründen für Leinöl entscheiden, obwohl Ihnen das Aroma nicht liegt, probieren Sie doch einmal den nach der Fettforscherin Johanna Budwig benannten »Budwig-Quark«: Mischen Sie etwa 100 g Magerquark mit 2–3 EL Leinöl und 2–3 EL Milch. Sie können eventuell bis zu 1 EL Agavendicksaft unterrühren, um das Aroma abzurunden.

Butter oder Margarine?

Viele Verbraucher haben sich in den letzten Jahren aufgrund entsprechender Empfehlungen damit arrangiert, auf Butter zu verzichten und stattdessen Margarine zu verwenden. Zu groß war ihre Angst, durch den Buttergenuss einen hohen Cholesterinspiegel oder gar Herzinfarkt zu riskieren. Denn dafür wurde die gute alte Butter mitverantwortlich gemacht. Als »gesunde Alternative« wurde jahrzehntelang – und wird zum Teil noch immer – Margarine auf Basis von Sonnenblumen-, Rapskern- oder Olivenöl empfohlen. Dabei ist Margarine im Gegensatz zur Butter ein Kunstprodukt, welches erst durch chemische Verfahren verzehrs- und streichfähig gemacht wird. Unter Zusatz von Stabilisatoren, Emulgatoren und (z. T. künstlichen) Vitaminen. Und es ist nicht erwiesen, dass herkömmliche Margarine tatsächlich eine gesundheitsfördernde Wirkung hat. Billig-Margarinen, die zur Herstellung von Fertigprodukten und -backwaren verwendet werden, enthalten immer noch zu viele trans-Fettsäuren und sind deshalb gesundheitlich bedenklich!

Milchfett enthält dagegen alle Arten von natürlichen Fettsäuren, und so ist die Fettsäurenzusammensetzung von Butter tatsächlich viel besser, als ihr Ruf vermuten lässt: Sie enthält durchschnittlich zwischen 50 und 60 Prozent leicht verdauliche mittel- und kurzkettige Fettsäuren und rund 25 Prozent einfach ungesättigte Fettsäuren. Zudem ist in zahlreichen Studien belegt worden, dass Menschen, die große Mengen vollfetter Milchprodukte bzw. Butter essen, keinesfalls ein höheres Herzinfarktrisiko haben – es ist sogar eher das Gegenteil der Fall. Weiterhin sind in Butter von Natur aus die fettlöslichen Vitamine A, D und E enthalten.

Butter ist ein natürliches Produkt und unübertroffen im Geschmack. Keine Margarine der Welt kann das buttertypische Aroma ersetzen. In Kombination mit wertvollen Pflanzenfetten und bei einer niedrigen Energiedichte der Mahlzeiten spricht absolut nichts dagegen, Butter zu verzehren.

Nüsse.

Ich kann mich noch gut daran erinnern, dass der Verzehr von Nüssen nur eingeschränkt empfohlen wurde. Besonders Menschen, die abnehmen wollten, sollten diese »Fettbomben« nach offiziellen Empfehlungen möglichst nicht verzehren. Dabei stellen sie als hocharomatischer Knabbergenuss eine Wohltat für unseren Körper, unsere grauen Zellen und fürs Herz dar. Glücklicherweise ist der gesundheitsfördernde Wert von Nüssen inzwischen wissenschaftlich überdeutlich belegt. Sie sind zwar fettreich, enthalten jedoch vor allem einfach ungesättigte Fettsäuren und darüber hinaus 10 bis 20 Prozent Eiweiß und auch noch Ballaststoffe. Daher empfehle ich Ihnen, auf diesen Genuss keinesfalls zu verzichten und mehrmals in der Woche eine kleine Handvoll (etwa 30 Gramm) zu verzehren. Und weil Eintönigkeit so langweilig ist, verzehren Sie abwechselnd die unterschiedlichen Nussarten wie Haselnüsse, Walnüsse, Erdnüsse, Mandeln oder Cashewkerne, Macadamia-, Pekan- oder Paranüsse.

GUTE FETTE

MIT BISS – NÜSSE.

Nicht jede Nuss ist eine Nuss.

Obwohl sie allgemein als Nüsse bezeichnet werden, gibt es in den Reihen der Knabberkerne einige Vertreter, die rein botanisch gesehen gar nicht zur Familie der Nüsse zählen. So sind zum Beispiel Cashewkerne die Samen des Kaschubaums und wachsen an dessen Scheinfrucht, den Kaschuäpfeln. Die Erdnuss ist botanisch betrachtet eine Hülsenfrucht. Weiterhin sind im botanischen Sinne weder die Kokosnuss, noch Paranuss, Pekannuss, Pistazie oder Pinienkerne tatsächlich Nüsse.

Dafür zählt die Esskastanie, auch Marone genannt, zu den Nüssen. Allerdings unterscheidet diese sich in ihrer Zusammensetzung deutlich von anderen Nüssen – sie ist vergleichsweise stärkereich. Daher sollte sie nur gelegentlich und in kleinen Portionen verzehrt werden.

Praktische Tipps und Infos zu Nüssen:

- Kaufen Sie immer ganze Nusskerne – oder gleich frische Nüsse – und mahlen Sie diese erst kurz vor Gebrauch. Das schützt die enthaltenen Fettsäuren vor Sauerstoff und somit vor Oxidation. Gemahlene Nüsse schmecken schnell ranzig, wenn sie erst einmal Kontakt mit der Luft hatten.
- Geschälte Nüsse mögen es am liebsten dunkel und trocken. Bewahren Sie sie dementsprechend am besten in dicht schließenden Gefäßen auf.
- Mischen Sie sich ganz nach Geschmack Ihren eigenen »Nusskern-Mix«.
- Nüsse (und Gewürze) sind häufig durch Schimmelpilzgifte – sogenannte Aflatoxine – verunreinigt. Kaufen Sie Nüsse bevorzugt im Bioladen. Bei Bio-Ware wird durch umsichtige Herstellung und Lagerung sehr darauf geachtet, dass die Nüsse frei von Schimmelpilzen bleiben. Und die Kontrollen am Endprodukt sind sehr streng.
- Achten Sie beim Einkauf frischer Nüsse auf saubere Ware, ohne Löcher und Fressstellen. Sortieren Sie Nüsse mit sichtbarem Schimmelbefall aus.
- Sortieren Sie Nüsse aus, die muffig oder ranzig riechen bzw. schmecken.

Gute Eiweißlieferanten.

Ohne Eiweiße, auch Proteine genannt, ist der Mensch gar nicht denkbar. Sie gehören quasi zur Grundausstattung jeder menschlichen Zelle. Sowohl Nahrungseiweiße wie auch Körpereiweiße bestehen aus vielen kleinen Bausteinen, den Aminosäuren. Besonders in der fleischlosen Ernährung gilt es, auf die Kombination hochwertiger Eiweißträger zu achten, damit es nicht zu Mangelerscheinungen kommen kann.

Meist weisen tierische Lebensmittel eine höhere biologische Wertigkeit auf als pflanzliche. Aber da das Aminosäuremuster entscheidend für die biologische Wertigkeit ist, kann die Kombination der Eiweiße aus verschiedenen Lebensmitteln eine höhere biologische Wertigkeit erzielen als ein einzelnes Lebensmittel – also als 100. Dabei ist es nicht notwendig, dass die unterschiedlichen Eiweißquellen in einer Mahlzeit verzehrt werden. Es genügt, im Laufe des Tages möglichst unterschiedliche, eiweißhaltige Lebensmittel zu essen. Der Körper verfügt nämlich über ein Auffangbecken für Aminosäuren, aus dem er sich bedient, um neues, körpereigenes Eiweiß aufzubauen. Bei abwechslungsreicher und vielseitiger Ernährung müssen sich auch Vegetarier

EIWESS

MILCH, SOJA, LINSEN & CO.

Biologische Wertigkeit.

Die biologische Wertigkeit ist eine Art Maß für die Qualität eines Nahrungseiweißes (Proteins) im Hinblick auf seinen Nutzen für den menschlichen Stoffwechsel. Sie drückt aus, wie ähnlich ein Nahrungseiweiß dem menschlichen Körpereiweiß ist. Die höchste biologische Wertigkeit aller Lebensmittel hat das Hühnerei, weswegen es als Referenzprotein herangezogen wird. Man ordnet ihm eine biologische Wertigkeit von 100 zu. Im Vergleich dazu hat Kuhmilch einen Wert von 86, Soja 83 und Bohnen 73*. Wie die biologische Wertigkeit aussieht, bestimmt die Zusammensetzung der Aminosäuren, der kleinsten Eiweißbausteine. Es gibt 20 verschiedene Aminosäuren, die sich in den verschiedensten Gewichtungen und Kombinationen zu einem Protein vereinen. Acht dieser Aminosäuren sind essenziell, das heißt, sie müssen mit der Nahrung aufgenommen werden, da der Körper sie nicht selber herstellen kann.

* Bielsalski, Grimm in Taschenatlas der Ernährung 2007, S. 130

keine Sorgen um ihre Eiweißversorgung machen. Sie können aus der ganzen Palette von Hülsenfrüchten, Milch und Milchprodukten, Nüssen, Tofu und Sojaprodukten wählen und diese so kombinieren, dass eine qualitativ hochwertige Versorgung gesichert ist. Eiweißreiche Lebensmittel leisten auch einen wichtigen Beitrag zur Sättigung. Daher empfiehlt die LOGI-Methode zu jeder Mahlzeit, auch zu Snacks, ein eiweißhaltiges Lebensmittel zu verzehren.

Die bedeutsamsten Eiweißquellen für die fleischfreie LOGI-Ernährung sind Milch und Milchprodukte, Eier, Nüsse, Hülsenfrüchte, Tofu und andere Sojaprodukte.

Milch, Milchprodukte und Eier.

Milch, Milchprodukte und Eier werden auch bei der klassischen LOGI-Methode empfohlen. Für Vegetarier sind diese Eiweißquellen fast noch wichtiger als für Fleischesser. Deshalb sollten sie täglich auf dem Speiseplan stehen. Denn wie Sie im Abschnitt über die biologische Wertigkeit erfahren haben, kann die Kombination von pflanzlichem Eiweiß (z. B. Soja) mit tierischem Eiweiß (z. B. Ei) einen Wert von über 100 ergeben.

Praktische Tipps und Infos zu Milch, Milchprodukten und Eiern:

- Im Rahmen der LOGI-Methode sollten Sie Milch und Milchprodukte mit natürlichem Fettgehalt bevorzugen. Diese schmecken und sättigen besser, haben eine höhere Nährstoffdichte und sind bei einer niedrigen Energiedichte der Gesamtmahlzeit durchaus in Ordnung.
- Sorgen Sie für Abwechslung und essen Sie in der Woche möglichst viele verschiedene Milchprodukte: Joghurt, Quark, Buttermilch, Dickmilch, Kefir, saure Sahne, Sahne, Schmand, unterschiedliche Käsesorten. So kommt keine Langeweile auf.
- Wenn Sie Milch und Milchprodukte nicht vertragen oder vegan leben, können diese meist problemlos durch Sojadrink, Sojajoghurtersatz (kurz: Sojajoghurt) oder Soja«sahne« ersetzt werden. Andere Milchersatzprodukte wie Haferdrink oder Reisdrink weisen einen eher geringen Eiweißgehalt auf und stellen keine ideale Alternative dar.
- Vermeiden Sie Fertigprodukte wie Fruchtjoghurt & Co., denn diese enthalten oft unnötig viel Zucker sowie weitere Zusatzstoffe. Mischen Sie lieber selbst – z. B. frische Früchte in Stücken oder püriert mit Quark oder Naturjoghurt.
- Keine Angst vor Cholesterin aus dem Ei! Vorbei sind die Zeiten, da Eier für einen hohen Cholesterinspiegel verantwortlich gemacht wurden. Gerade in der vegetarischen Küche stellen Eier eine hochwertige Eiweißquelle dar.
- Als Bindemittel oder Stabilisator von vegetarischen Klößchen und Bratlingen sowie von Füllungen oder Backwaren mit kohlenhydratarmem Mehl sind Eier Gold wert.
- Eier eignen sich auch gut als schnell zuzubereitende, eiweißreiche Mahlzeitenkomponente, zum Beispiel hart gekocht zum Salat oder als Omelett mit Gemüse.

Hülsenfrüchte.

Hülsenfrüchte sind hervorragende Eiweißquellen. Und trotz der enthaltenen Kohlenhydrate, auch im Rahmen der vegetarischen LOGI-Ernährung. Denn ihr Kohlenhydratgehalt ist wesentlich geringer als der von Nudeln, Kartoffeln oder Reis. Und ihre Nährstoffzusammensetzung ist insgesamt besser. Denn sie enthalten neben Eiweißen und Kohlenhydraten wertvolle Ballaststoffe und leisten einen großen Beitrag zur Versorgung mit Vitaminen, Mineralstoffen und Spurenelementen. Entdecken Sie die große Vielfalt von Kichererbsen, roten Linsen, braunen Linsen, weißen oder roten Bohnen & Co.

Hülsenfrüchte im Überblick.

Sorte	Geschmack	Einweichzeit (in Stunden)	Durchschnittliche Garzeit (in Minuten)
weiße Bohnen	geringes Eigenaroma, leicht mehlig	12	30–40 (je nach Größe)*
Kichererbsen	leicht nussig	12	45
braune Linsen	mild-aromatisch	12	45
Belugalinsen	kräftig, nussig, würzig-aromatisch	nicht erforderlich	20
Puy-Linsen	fein-würzig, nussig-aromatisch	nicht erforderlich	20–30
Pardina-Linsen	herzhaft aromatisch	nicht erforderlich	30
rote Linsen	mild, wenig Linsenaroma	nicht erforderlich	12–20

** dicke weiße Bohnen brauchen länger als kleine weiße Bohnen (ca. 60–90 Minuten)*

Praktische Tipps und Infos zu Hülsenfrüchten:

- Braune Linsen, Kichererbsen und Bohnen sollten über Nacht in kaltem Wasser eingeweicht werden. Dadurch verkürzt sich ihre Garzeit erheblich.
- Rote und gelbe Linsen, Beluga- und Puy-Linsen müssen nicht eingeweicht werden. Auch ist ihre Garzeit mit 10–20 Minuten relativ kurz.
- Wenn's schnell gehen muss, können Sie Konserven mit gebrauchsfertig gegarten Kichererbsen oder weißen Bohnen verwenden.
- Werden Hülsenfrüchte schlecht vertragen, könnte es helfen, sie vor dem Garen mehrere Stunden in Wasser einzuweichen. Anschließend in ein Sieb abgießen und kalt abbrausen. Dann mit frischem Wasser zum Kochen bringen.
- Ebenfalls bewährt hat sich das Mitgaren von Kümmel, Fenchel, Anis oder Koriander. Diese vier Gewürze wirken verdauungsfördernd und wirken Blähungen entgegen.
- Hülsenfrüchte eignen sich gut als Sättigungsbeilage und können (in kleinen Portionen) anstelle von Reis, Getreide oder auch Kartoffeln serviert werden.

- Gekochte Hülsenfrüchte können in einem gut verschlossenen Gefäß mehrere Tage aufbewahrt werden.
- Linsen sind umso aromatischer, je kleiner sie sind. Denn ihre Aroma- und Geschmackstoffe stecken in der Schale. So benötigen Gerichte mit kleinen, würzig-aromatischen Belugalinsen kaum Würzmittel.
- Weiße und rote Bohnen nehmen gut die Aromen mitgegarter Lebensmittel, Kräuter und Gewürze an. Hervorragend passen dazu Tomaten, Knoblauch, Rosmarin und andere mediterrane Kräuter.
- Kichererbsen und rote Linsen passen sehr gut zu orientalischen und indischen Speisen mit Gewürzen wie Curry, Koriander, Kreuzkümmel, Knoblauch, Ingwer usw. Auch Zitronensaft, Minze oder mediterrane Kräuter harmonieren gut mit Kichererbsen. Rote Linsen schmecken in asiatischen Gerichten mit Kräutern wie frischem Koriander sehr gut.
- Puy- oder Belugalinsen verwende ich sehr gerne für mediterrane Gerichte, da sie gut mit Aceto balsamico oder Tomaten, Knoblauch und mediterranen Kräutern harmonieren.
- Braune Linsen koche ich am liebsten klassisch mit Suppengrün und Gemüsebrühe. Die gegarten Linsen kombiniere ich dann mit Gemüse oder serviere sie mit Tofu als Eintopf.
- Nutzen Sie die ganze Sortenvielfalt der Hülsenfrüchte und verwenden Sie auch einmal getrocknete Erbsen, Sojabohnen, rote (Kidney-)Bohnen, Azuki- oder Mungobohnen.
- Wenn Sie sehr gerne Hülsenfrüchte essen, lohnt sich die Anschaffung eines Dampfdruckkochtopfs. Dieser verkürzt sowohl die Garzeit von Hülsenfrüchten ganz erheblich als auch die von Gemüsesorten mit langer Garzeit wie zum Beispiel Rote Bete.

Tofu und andere Sojaprodukte.

Tofu (Sojabohnenquark) wird aus Sojabohnen hergestellt und enthält vor allem hochwertiges Pflanzeneiweiß, zugleich wenig Fett und wenige Kohlenhydrate. In seiner reinen Form schmeckt Naturtofu sehr mild, manchmal ist er sogar völlig geschmacksneutral. Das ist sehr praktisch, denn so kann er beliebig mariniert und für Gerichte aller Aromen von süß bis würzig verwendet werden.

Tofu natur wird inzwischen eigentlich in nahezu jedem Supermarkt oder Discounter angeboten. Das Angebot im Naturkostladen und im Reformhaus ist noch vielfältiger und lässt keine Wünsche offen. Ob Räucher- oder Nusstofu, Tofu mit Basilikum, mit getrockneten Tomaten oder mit Gemüse: Nutzen Sie das große Angebot und probieren Sie, was Ihnen (wozu) am besten schmeckt!

Trockene Sojaschnetzel (texturiertes Sojaprodukt) werden aus Sojabohnenmehl hergestellt und durchlaufen den Herstellungsprozess der Extrusion. Sie werden fein oder grob angeboten, müssen vor der Verwendung eingeweicht werden und garen dann mit einer fleischähnlichen Textur.

Sojaflocken werden aus gewalzten Sojabohnen hergestellt und anschließend oft noch geröstet. Sie haben einen charakteristischen Eigengeschmack und können pur geknabbert werden oder die Getreideflocken im Müsli ersetzen.

Weitere Sojaprodukte, die Verwendung in der vegetarischen Küche finden, sind Sojadrink, Sojajoghurt(-ersatz) aus fermentiertem Sojadrink und »Sojasahne«. Achten Sie bei den beiden erstgenannten Produkten darauf, dass diese weder stark gezuckert sind noch Fruchtzubereitungen bzw. Schoko- oder Vanillearomen enthalten. Darin verstecken sich nur unnötig viele Kohlenhydrate.

Weder eine gesundheitsfördernde noch eine gesundheitlich bedenkliche Wirkung von Sojaprodukten, zurückzuführen auf deren Östrogenaktivität, sind bis heute ausreichend belegt. Es gilt, weitere Studienergebnisse abzuwarten, die Klarheit darüber bringen. Bedenken bestehen am ehesten bei Kleinkindern, schwangeren Frauen und stillenden Müttern sowie Patientinnen mit hormonell sensitiven Erkrankungen (verschiedene Krebsformen und Endometriose) und bei Antikoagulantien-Medikation. Wer sich tief greifender über das Produktspektrum rund um die Sojabohne sowie ihre möglichen gesundheitlichen Nebenwirkungen informieren möchte, findet Antworten in der Übersichtsarbeit von Manfred Klade und Jutta Kellner[7].

7 Manfred Klade, Jutta Kellner: »Grundlagenstudie zu Feischersatzprodukten«, 2007 im Auftrag von ÖkoKauf Wien. http://www.ifz.tugraz.at/index.php/filemanager/download/1202/FEP%20Studie%20April%2008.pdf

Texturierte Sojaprodukte.

Bei texturierten Sojaprodukten handelt es sich um Sojaprodukte aus Sojabohnenmehl, die durch das Herstellungsverfahren der Extrusion eine fleischähnliche Textur erhalten. Zum Beispiel sind texturierte Sojaprodukte die Grundlage für im Handel erhältliche Produkte wie vegetarisches Gulasch, vegetarische Burger, vegetarische Würstchen und auch Sojaschnetzel.

Texturierte Sojaprodukte werden kontrovers diskutiert, da bei der Herstellung zahlreiche chemische Stoffe eingesetzt werden. Darüber hinaus wird der ernährungsphysiologische Wert des Sojaeiweißes durch diese Prozesse stark gemindert. Trotz dieser Bedenken werden texturierte Sojaprodukte wie Sojaschnetzel und Sojagranulat von Vegetariern gerne als »Fleischersatz« verwendet. In Kombination mit anderen Lebensmitteln mit hoher Nährstoffdichte (z.B. Gemüse, Obst, Milch und Milchprodukten oder Nüssen und Eiern) können sie durchaus für Abwechslung auf dem Teller sorgen.

Am besten bevorzugen Sie beim Kauf von Sojaschnetzeln und Sojagranulat Bioware. Denn nur bei deren Herstellung wird auf chemische Hilfsstoffe wie Hexan (ein starkes Nervengift) verzichtet. Auch durchlaufen diese Produkte ein nährstoffschonendes Extrusionsverfahren und sie sind nachweislich frei von gentechnisch veränderten Organismen (GVO).

Praktische Tipps und Infos zu Tofu und anderen Sojaprodukten:

- Durch Würzen (z.B. mit Sojasauce) und Marinieren (z.B. in Zitronensaft oder Sojasauce) können Sie Tofu natur ein Aroma passend zum Gericht verleihen.
- Reste einer angebrochenen Packung Tofu können mit frischem Wasser bedeckt in einem gut schließenden Gefäß ein bis zwei Tage im Kühlschrank aufbewahrt werden.
- Wenn Sie ein kräftigeres Aroma bevorzugen, könnte Räuchertofu Ihnen schmecken.
- Tofu schmeckt auch wunderbar paniert, zum Beispiel in Sesam oder frisch gehackten Nüssen.
- Bio-Sojaschnetzel werden in unterschiedlichen Größen angeboten: grob, fein und als Sojagranulat. Bei längerer Garzeit empfehle ich grobe Schnetzel, bei kurzer Garzeit eher Sojagranulat.
- Bio-Sojaschnetzel schmecken würziger, wenn Sie das Einweichwasser mit gekörnter Brühe, Gewürzen oder Sojasauce aromatisieren.
- Bio-Sojaschnetzel eignen sich gut für Füllungen oder Bolognesesauce ähnliche Saucen, als Suppeneinlage oder in Gemüsepfannen.
- Mischen Sie sich Ihr persönliches LOGI-Müsli aus Sojaflocken, Nüssen, Leinsaat und Sonnenblumenkernen oder Sesamsaat.
- Bevorzugen Sie nichtaromatisierte Sojadrinks und Sojajoghurts (natur). Statt Produkte mit zuckerhaltigen Aromazubereitungen zu kaufen, mischen Sie solchen Sojazubereitungen frische oder frisch pürierte Früchte unter.

Weitere Zutaten und Helfer in der vegetarischen LOGI-Küche.

Johannisbrotkernmehl. Johannisbrotkernmehl leistet gute Dienste in der LOGI-Küche, denn es kann stärkehaltige Bindemittel gleichwertig ersetzen. Mit seiner Unterstützung lassen sich Saucen nahezu kohlenhydratfrei binden, wie zum Beispiel eine Béchamelsauce. Es kann auch Teige andicken, zum Beispiel für Zucchinibratlinge (siehe Seite 183) oder Blaubeerküchlein (siehe Seite 76). Johannisbrotkernmehl enthält nur knapp 7 g Kohlenhydrate pro 100 g. Aber schon die kleine Menge von 1 TL reicht meist aus, um das gewünschte Ergebnis zu erzielen. Darüber hinaus sorgt Johannisbrotkernmehl zusätzlich für die Stabilität kohlenhydratarmer Backwaren wie Muffins oder Kuchen. Ein großer Vorteil für seine nahezu zahllose Einsatzmöglichkeit ist, dass es geschmacksneutral ist.

Sojamehl. Sojamehl lässt sich hervorragend als Ersatz für traditionelle Mehlsorten verwenden. Dabei enthält es weniger als 1 g Kohlenhydrate pro 100 g, während zum Beispiel Weizenmehl rund 70 g Kohlenhydrate pro 100 g liefert. Aufgrund seines nussig-herzhaften Aromas eignet es sich, meiner Meinung nach, aber eher für herzhafte Speisen. In diesen harmoniert es besonders gut mit Tofu. Auch zum Abbinden von Saucen und zum Andicken von mehlfreiem Teig kann es eingesetzt werden. Doch es zeigt nicht so gute Quelleigenschaften wie Johannisbrotkernmehl.

Kokosmehl. Kokosmehl verwende ich aufgrund seines nussig-süßen Geschmacks gerne für süße »Mehlspeisen« und Backwaren, zum Beispiel für Pfannkuchen, Muffins oder Waffeln. Es enthält 4 g Kohlenhydrate und 60 g Ballaststoffe pro 100 g, was im Vergleich zu Weizenmehl 66 g Kohlenhydrate pro 100 g spart und dafür zusätzliche 56 g Ballaststoffe liefert.

Haferkleie. Geschmacklich sagt mir persönlich Haferkleie am meisten zu. Sie können aber genauso gut Weizen- oder Dinkelkleie verwenden, wenn Sie diese mögen. Kleie enthält weniger Kohlenhydrate als Getreideflocken oder Vollkornmehl und verhältnismäßig viele Ballaststoffe. Dadurch quillt sie gut und eignet sich für die Zubereitung von Frühstückbrei, Müsli, herzhaften Füllungen oder Backwaren. Kleie sorgt für ein gutes Sättigungsgefühl und kann dazu beitragen, dass der Blutzuckeranstieg nach dem Essen verzögert erfolgt. Wichtig ist, zu Gerichten mit hohem Kleieanteil auch immer viel zu trinken.

Gewürze, Kräuter und andere Würzmittel. Ohne Gewürze und Kräuter schmecken viele Speisen fad und irgendwie langweilig. Das Würzen mit Kräutern und Gewürzen, Essig und Süßungsmitteln hat aufgrund deren vielfältigen Eigenschaften eine lange Tradition. Denn viele Kräuter und Gewürze verleihen den Gerichten nicht nur mehr Aroma, sondern fungieren zum Beispiel auch als Konservierungsmittel (z. B. Salz) oder fördern die Bekömmlichkeit.

Praktische Tipps und Infos zu Kräutern, Gewürzen und anderen Würzmitteln:

- Da Vegetarier oft eine Unterversorgung mit Jod aufweisen, empfehle ich, jodiertes Speisesalz zu verwenden.
- Indische Currymischungen gibt es in sehr vielen verschiedenen Varianten im Handel. Wenn Sie es nicht so scharf mögen, bevorzugen Sie ein Currypulver, das als »mild« gekennzeichnet ist.
- Bei thailändischer Currypaste sind die rote und die gelbe Paste milder als die grüne. Wenn Sie es nicht so scharf mögen, verringern Sie die im Rezept angegebene Menge und bevorzugen Sie rote oder gelbe Currypaste.
- Küchenkräuter lassen sich bestens auf der Fensterbank im Blumentopf halten. So haben Sie jederzeit frisches Basilikum, Schnittlauch oder Petersilie, Rosmarin, Oregano oder Thymian zur Hand.
- Getrocknete Kräuter können mitgaren und haben oft ein intensiveres Aroma als frische Kräuter. Ich empfehle Ihnen jedoch, keine gemahlenen Kräuter zu kaufen, da sich deren Aroma nach Anbruch der Packung schnell verflüchtigt.
- Getrocknete Gewürze wie Koriandersamen, Kreuzkümmel, Zimt oder Sternanis lieber im Ganzen kaufen und erst unmittelbar vor der Zubereitung im Mörser zerstoßen, soweit das erforderlich ist.
- Auch Kardamom oder getrocknete Chilischoten erst kurz vor der Zubereitung des Gerichts im Mörser zerreiben.

- Die Anschaffung eines Mörsers lohnt sich: Sie können damit neben Gewürzen auch Nüsse und Samen wie Sesam, Mohn oder Leinsamen mahlen.
- Getrocknete Gewürze wie Zimtstangen oder Sternanis können in vielen Speisen im Ganzen mitgegart werden (z. B. Früchtekompott oder Tajine). Nach dem Kochen werden sie wieder aus dem Gericht entfernt.
- Bei der Vorbereitung frischer Chilischoten am besten Einmalhandschuhe tragen, um die Hände vor den unangenehm tränentreibenden Inhaltsstoffen zu schützen. Wer es gerne scharf mag, verwendet die kleinen weißen Kerne mit.
- Bevorzugen Sie Gemüsebrühe ohne Geschmacksverstärker, wozu übrigens nicht nur das Glutamat, sondern auch Hefeextrakt zählt.
- Wenn Sie Ihren Speisen eine süße Note verleihen wollen, bevorzugen Sie Agavendicksaft. Er lässt den Blutzucker langsamer ansteigen als üblicher Haushaltszucker oder Honig.
- Heller Balsamessig (Balsamico bianco) schmeckt und würzt wesentlich milder als der »normale« dunkle Balsamessig (Aceto balsamico). Er passt gut zu hellen Saucen und Dressings. Der kräftige Aceto balsamico eignet sich sehr gut für dunkle Dressings (z. B. in Kombination mit Kürbiskernöl) oder auch zum Abschmecken von Linsen- und Gemüsegerichten.
- Achtung! Die dickflüssige Balsamicocreme findet immer mehr Anhänger. Allerdings enthält sie unnötig viele Kohlenhydrate, meist in Form von konzentriertem Traubenmost (Zucker).

WWW.LOGI-METHODE.DE
LOGI
METHODE

DIE REZEPTE.

LOGI ohne Fisch und Fleisch? Na klar!
80 innovative und kreative LOGI-Veggie-Rezepte.

Wenige Kohlenhydrate – glutenfrei!

Sojaflockenmüsli nach Bircher

2 Portionen

- **300 g Vollmilchjoghurt** (3,8 % Fett)
- **100 ml Vollmilch** (3,8 % Fett)
- **60 g Sojaflocken**
- **2 mittelgroße Äpfel** (ca. 300 g)
- **40 g Walnusskerne**
- **2 TL Agavendicksaft**

1. Den Joghurt, die Milch und die Sojaflocken in einer kleinen Schüssel miteinander verrühren. Die Äpfel waschen, vierteln und das Kerngehäuse herausschneiden. Die Apfelviertel auf einer Gemüsereibe grob raspeln. Unter den Flockenjoghurt ziehen. Diesen auf zwei Schälchen verteilen.

2. Die Walnusshälften fein hacken. Jedes Müsli mit der Hälfte der Walnüsse überstreuen und mit 1 TL Agavendicksaft beträufeln.

Tipps: Als fruchtige Alternative passen auch gut Beerenfrüchte oder Birne. Und die Milch und den Joghurt können Sie genauso gut durch Sojadrink und Sojajoghurt ersetzen.

1 Portion (375 g): ca. 460 kcal, 22 g Eiweiß (20 E%), 27 g Fett (50 E%), 34 g Kohlenhydrate (30 E%).

Dieses Gericht liefert 123 kcal pro 100 g.

Erdbeer-Kokos-Müsli

2 Portionen

- **40 g Sojaflocken**
- **20 g Sonnenblumenkerne**
- **10 g Leinsaat** (Leinsamen)
- **100 ml Vollmilch** (3,8 % Fett)
- **60 g Kokosmilch**
- **500 g frische Erdbeeren**
- **1 Banane** (geschält gewogen ca. 100 g)

1. Die Sojaflocken mit den Sonnenblumenkernen und den Leinsamen in einer Schüssel mischen. Die Milch und die Kokosmilch zugießen und alles gut verrühren. 10 Minuten quellen lassen.

2. Nach der Quellzeit die Erdbeeren behutsam waschen, entkelchen und vierteln. Die Banane schälen, der Länge nach halbieren und in mundgerechte Scheiben schneiden. Das Müsli auf zwei Schälchen verteilen. Jeweils die Hälfte der Früchte obenauf geben und das Müsli sofort servieren.

Tipps: Durch Verwendung verschiedener Früchte können Sie das Müsli immer wieder abwandeln. Leckere Alternativen sind zum Beispiel Mango und Papaya oder Himbeeren und Johannisbeeren. Die Milch können Sie gut durch Sojadrink ersetzen.

1 Portion (405 g): ca. 370 kcal, 16 g Eiweiß (18 E%), 20 g Fett (49 E%), 31 g Kohlenhydrate (33 E%).

Dieses Gericht liefert 91 kcal pro 100 g.

Johannisbeer-Nuss-Brei

2 Portionen

- **430 g rote Johannisbeeren** (frisch oder TK)
- **260 ml Vollmilch** (3,8 % Fett)
- **30 g Haferkleie**
- **60 g gemahlene Haselnusskerne**
- **1 EL Agavendicksaft**

1. Die Johannisbeeren waschen und in einem Sieb gut abtropfen lassen. Die Milch in einem kleinen Topf bei mittlerer Hitze zum Kochen bringen. Dabei gelegentlich umrühren. Sobald sie kocht, die Haferkleie und die Haselnüsse unter Rühren zufügen. Diesen Nussbrei bei schwacher Hitze 3–5 Minuten im Topf unter Rühren ausquellen lassen.

2. Mit Agavendicksaft abschmecken. Die Johannisbeeren von den Rispen streifen und unter den Nussbrei ziehen.

Tipps: Der aromatische Nussbrei schmeckt auch sehr gut, wenn Sie gemahlene Mandeln statt der Haselnusskerne verwenden. Diese verleihen ihm ein etwas milderes Aroma. Und statt der Johannisbeeren können Sie auch andere Beerenfrüchte unterziehen!

1 Portion (350 g): ca. 400 kcal, 13 g Eiweiß (13 E%), 24 g Fett (53 E%), 34 g Kohlenhydrate (34 E%).

Dieses Gericht liefert 115 kcal pro 100 g.

Nussbrei mit Zwetschgenkompott

2 Portionen

Für das Kompott:

- 400 g Zwetschgen
- 1 Stange Zimt
- 1 Sternanis
- 1 EL Agavendicksaft

Für den Nussbrei:

- 260 ml Vollmilch (3,8 % Fett)
- 30 g Haferkleie
- 60 g gemahlene Mandelkerne
- 1 EL Agavendicksaft

1. Die Zwetschgen waschen, längs halbieren und die Steine herauslösen. Die Zwetschgen vierteln und mit Zimt, Sternanis und 50 ml Wasser in einem Topf zum Kochen bringen. Einmal aufkochen lassen und dann bei schwacher Hitze und geschlossenem Deckel rund 5 Minuten leise köcheln lassen. Dabei gelegentlich umrühren.

2. Inzwischen die Milch in einem kleinen Topf bei mittlerer Hitze zum Kochen bringen. Dabei gelegentlich umrühren. Sobald sie kocht, die Haferkleie und die Mandeln unter Rühren zufügen. Diesen Nussbrei bei schwacher Hitze 3–5 Minuten im Topf unter Rühren ausquellen lassen.

3. Die Zimtstange und den Sternanis aus dem Zwetschgenkompott fischen. Den Agavendicksaft unterrühren. Den Nussbrei auf zwei Schüsseln verteilen und mit je der Hälfte des Zwetschgenkompotts anrichten.

Tipps: Auch Apfel- oder Birnenkompott schmeckt gut zum Nussbrei. Dazu 400 g Äpfel bzw. Birnen waschen, das Kerngehäuse herausschneiden und das Fruchtfleisch würfeln. Mit 30–50 ml Wasser zum Kochen bringen und etwa 5 Minuten köcheln lassen. Anschließend mit Agavendicksaft abschmecken und über den Nussbrei geben.

Ein besonderes Aroma verleiht 1 mitgeköchelte Kardamomkapsel dem Zwetschgenkompott. Diese vor dem Servieren herausnehmen.

1 Portion (323 g): ca. 370 kcal, 13 g Eiweiß (15 E%), 22 g Fett (51 E%), 30 g Kohlenhydrate (34 E%).

Dieses Gericht liefert 115 kcal pro 100 g.

Papayabällchen auf Kokosjoghurt

2 Portionen

- **300 g Vollmilchjoghurt** (3,8 % Fett)
- **100 ml Kokosmilch**
- **1–2 Papayas** (ca. 700 g)
- **40 g Kokoschips**

1. Den Joghurt mit der Kokosmilch glatt rühren. Auf zwei Schälchen verteilen.

2. Die Papaya längs halbieren und die schwarzen Kerne mithilfe eines Löffels entfernen. Mit einem Melonenausstecher kleine Kugeln aus der Papaya ausstechen. Jeweils die Hälfte dieser Bällchen in den Kokosjoghurt setzen.

3. Die Kokoschips in einer beschichteten Pfanne ohne Fett zartbraun rösten. Die Papayabällchen im Joghurt damit überstreuen.

Tipps: Um etwas mehr Abwechslung in den Kokosjoghurt zu bringen, können Sie auch frische Mango, Wasser- oder Honigmelone in Form von Kugeln oder mundgerechten Würfeln hineinsetzen. Und statt des Joghurts können Sie auch Sojajoghurt verwenden.

1 Portion (470 g): ca. 360 kcal, 9 g Eiweiß (10 E%), 30 g Fett (74 E%), 14 g Kohlenhydrate (16 E%).

Dieses Gericht liefert 76 kcal pro 100 g.

Ricotta im Feigenbett

2 Portionen

- **20 g Pinienkerne** (ersatzweise Walnusskerne)
- **200 g Ricotta**
- **4 Feigen** (ca. 260 g)
- **1 mittelgroße Birne** (z. B. Williams Christ, ca. 250 g)
- **2 TL Agavendicksaft**

1. Die Pinienkerne in einer beschichteten Pfanne ohne Fett rösten, bis sie duften. Je die Hälfte des Ricottas mittig auf einem kleinen Tellerchen anrichten. Jeweils mit der Hälfte der Pinienkerne bestreuen.

2. Die Feigen gut waschen, entstielen und in je 4–6 Spalten schneiden. Die Birne waschen, den Stiel und das Kerngehäuse entfernen und das Fruchtfleisch in dünne Spalten schneiden. Die Birnen- und die Feigenspalten abwechselnd rings um die Ricottahügelchen anrichten. Jeweils mit 1 TL Agavendicksaft beträufeln.

Tipps: Der Ricotta schmeckt auch gut mit Orangen! Dazu die Orange inklusive der weißen Haut schälen und quer zu den Spalten in Scheiben schneiden. Als weitere Alternative können Sie den Ricotta mit Honigmelone anrichten.

1 Portion (335 g): ca. 365 kcal, 16 g Eiweiß (18 E%), 19 g Fett (46 E%), 32 g Kohlenhydrate (36 E%).

Dieses Gericht liefert 109 kcal pro 100 g.

Exotischer Fruchtsalat

2 Portionen

- ½ **Granatapfel** (ca. 100 g Granatapfelkerne)
- **1 kleine Kaki** (ca. 200 g)
- ½ **Papaya** (ca. 150 g)
- **1 Sternfrucht** (Karambole, ca. 120 g)
- **1 Limette**
- **1 TL Agavendicksaft**
- **400 g Vollmilchjoghurt** (3,8%)

1. Den Granatapfel halbieren, die Hälften aufbrechen und die Kerne mit den Fingern herauslösen. Die Papaya schälen, längs halbieren und die schwarzen Kerne mithilfe eines Löffels entfernen. Die Stielansätze der Kaki wegschneiden und die Haut der Frucht abziehen. Kaki und Papaya in mundgerechte Würfel schneiden. Die Sternfrucht waschen und trocken tupfen. Beide Enden abschneiden und 2 dünne Scheiben für die Dekoration abschneiden, beiseitelegen. Die restliche Sternfrucht längs halbieren und in dünne Scheiben schneiden.

2. Die Granatapfelkerne mit Kaki, Papaya und Sternfrucht mischen. Die Limette auspressen. Den Limettensaft gut mit dem Agavendicksaft verrühren und über den exotischen Fruchtsalat gießen. Mit zwei Löffeln vorsichtig mischen.

3. Den Salat abwechselnd mit dem Joghurt gleichmäßig in zwei große Trinkgläser schichten. Mit je 1 Scheibe Sternfrucht dekorieren und sofort servieren oder bis zum Verzehr zugedeckt kalt stellen.

Tipp: Statt des Joghurts können Sie auch gut Sojajoghurt verwenden.

1 Portion (400 g): ca. 215 kcal, 8 g Eiweiß (15 E%), 8 g Fett (34 E%), 26 g Kohlenhydrate (48 E%).

Dieses Gericht liefert 54 kcal pro 100 g.

Knuspriger Himbeerquark

2 Portionen

- **400 g Himbeeren**
- **300 g Quark** (20 % Fett i. Tr.)
- **80 ml Vollmilch** (3,8 % Fett)
- **40 g Sesamsaat**
- **2 EL Agavendicksaft**

1. Die Himbeeren behutsam waschen, verlesen und gut abtropfen lassen. Den Quark mit der Milch und 300 g Himbeeren cremig pürieren. Anschließend auf zwei Schälchen verteilen. Jeweils die Hälfte der übrigen Himbeeren obenauf geben.

2. Den Sesam in einer beschichteten Pfanne ohne Fett rösten. Mit dem Agavendicksaft verrühren und warm zu gleichen Teilen auf die beiden Himbeerquarks verteilen.

Tipp: Alternativ können Sie auch gefrorene Himbeeren verwenden. Auch andere Beerenfrüchte – frisch oder gefroren – eignen sich gut.

1 Portion (420 g): ca. 385 kcal, 24 g Eiweiß (25 E%), 19 g Fett, (43 E%), 32 g Kohlenhydrate (32 E%).

Dieses Gericht liefert 92 kcal pro 100 g.

Blaubeerküchlein

2 Portionen

- **300 g Quark** (20% Fett i. Tr.)
- **40 g Kokosmehl**
- **1 TL Backpulver**
- **2 TL Johannisbrotkernmehl**
- **2 Eiweiß**
- **340 g Heidelbeeren**
- **20 g Butter**
- **1 EL Rapsöl**
- **2 TL Agavendicksaft**

1. Den Quark mit dem Kokosmehl, dem Backpulver und 2 gehäuften TL Johannisbrotkernmehl gut verrühren. Die Eiweiße steif schlagen und unter die Quarkmischung ziehen. Die Heidelbeeren behutsam waschen und in einem Sieb abtropfen lassen. Vorsichtig unter die Quarkmasse heben.

2. Die Butter und das Öl in einer großen beschichteten Pfanne erhitzen. Mit einer kleinen Schöpfkelle den Teig in 6 Portionen gleicher Größe in die Pfanne geben und etwas flach drücken. Die Küchlein bei schwacher bis mittlerer Hitze goldgelb ausbacken. Dabei einmal wenden. Je 3 Küchlein auf zwei Tellern anrichten und mit dem Agavendicksaft beträufeln.

1 Portion (310 g): ca. 425 kcal, 25 g Eiweiß (25 E%), 24 g Fett, (50 E%), 27 g Kohlenhydrate (25 E%).

Dieses Gericht liefert 136 kcal pro 100 g.

Avocado-Mango-Smoothie

2 Portionen

- **1 große Mango** (ca. 400 g)
- **1 mittelgroße Avocado** (ca. 250 g)
- **100 ml Apfel-Mango-Saft**
- **1 EL Agavendicksaft**

1. Die Mango schälen. Das Fruchtfleisch in Spalten vom Kern schneiden. Die Avocado längs halbieren, die Hälften gegeneinander vom Kern drehen und das Fruchtfleisch mit einem Löffel aus den Schalen lösen.

2. 300 g Mango- und 160 g Avocadofruchtfleisch in Stücke schneiden. Die Mango- und die Avocadostücke mit dem Apfel-Mango-Saft, dem Agavendicksaft sowie 200 ml Wasser cremig pürieren. Auf zwei Gläser verteilen und jeweils mit 1 Strohhalm servieren.

Tipps: Zusätzlich mitpüriert verleiht das Fruchtfleisch einer Passionsfrucht dem Smoothie ein tolles exotisches Aroma. Dafür die Passionsfrucht halbieren und das Fruchtfleisch mit Saft und Kernen auslöffeln, direkt zu den übrigen Zutaten geben. Anstelle der Mango können Sie auch das Fruchtfleisch von 1 Papaya (ungeputzt gewogen, ca. 600 g) verwenden.

1 Portion (385 g): 310 kcal, 3 g Eiweiß (4 E%), 20 g Fett, (56 E%), 31 g Kohlenhydrate (40 E%).

Dieses Gericht liefert 80 kcal pro 100 g.

Fruchtige Buttermilch

2 Portionen

- **2 reife Kiwis** (am besten Kiwi Gold)
- **½ Honigmelone**
- **2 Mandarinen** (ca. 200 g)
- **2 Passionsfrüchte**
- **300 g Buttermilch**

1. Die Haut der Kiwis abziehen und den Stielansatz herausschneiden. Das Kiwifruchtfleisch achteln. Die Kerne der Honigmelone mithilfe eines Löffels entfernen. Das Fruchtfleisch schälen und etwa 200 g in Stücke schneiden. Die Mandarinen schälen und in Spalten teilen. Die Mandarinenspalten quer halbieren, dabei ggf. die Kernchen entfernen.

2. Das vorbereitete Obst in den Blender eines Standmixers oder in eine Schüssel geben. Die Passionsfrüchte halbieren und das Fruchtfleisch samt Saft und Kernen auslöffeln, direkt zu den übrigen Früchten geben. Die Buttermilch zufügen und alles fein pürieren.

Tipps: Sie können die Buttermilch auch nur mit 2 grünen Kiwis und 3 Orangen pürieren. Und die Buttermilch können Sie je zur Hälfte durch Sojadrink und Sojajoghurt ersetzen.

Passionsfrüchte reifen kaum nach, achten Sie daher beim Einkauf auf reife, purpurfarbene bzw. dunkelviolette Früchte. Am besten für den Verzehr geeignet sind Passionsfrüchte mit leicht »verschrumpelter« Haut.

Info: Der Vorteil der Kiwi Gold liegt nicht nur in ihrem süßeren Aroma, sondern insbesondere darin, dass sie Milchprodukte nicht bitter werden lässt. Bei Verwendung von grünen Kiwis sollten Sie die fruchtige Buttermilch sofort genießen!

1 Portion (405 g): ca. 170 kcal, 8 g Eiweiß (18 E%), 2 g Fett (9 E%), 32 g Kohlenhydrate (73 E%).

Dieses Gericht liefert 42 kcal pro 100 g.

Mango-Kardamom-Lassi

2 Portionen

- **1 mittelgroße Mango** (ca. 300 g)
- **1 Banane** (geschält gewogen ca. 100 g)
- **3 Kardamomkapseln**
- **300 g Vollmilchjoghurt** (3,8 % Fett)
- **200 ml Vollmilch** (3,8 % Fett)

1. Die Mango schälen. Das Fruchtfleisch in Spalten vom Kern schneiden und in Stücke schneiden. Die Banane schälen und in 6 Stücke schneiden. Die Fruchtstücke in einen Rührbecher oder den Blender eines Standmixers geben.

2. Die Kardamomkapseln im Mörser aufbrechen, die Kapseln entfernen und die schwarzen Kerne mit dem Stößel zerreiben. Mit dem Joghurt und der Milch zum Obst geben und alles fein pürieren.

Info: Kaufen Sie Kardamom am besten nicht gemahlen, sondern als Kardamomkapseln. Denn bald nach dem Mahlen ihrer schwarzen Kerne verflüchtigt sich das Aroma und die Würzkraft lässt deutlich nach.

Kardamomkapseln können bei Gargerichten auch im Ganzen zugegeben werden. So harmoniert der Kardamom zum Beispiel sehr gut mit Sternanis und Zimt (siehe Zwetschgenkompott Seite 69).

Auch Tee oder Kaffee verleiht Kardamom eine exotische Note: 2–3 Stängel Pfefferminze und 1 Kardamomkapsel in einem Teeglas mit kochend heißem Wasser überbrühen. Vor dem Genuss mit wenig Agavendicksaft abschmecken.

1 Portion (350 g): ca. 240 kcal, 8 g Eiweiß (13 E%), 8 g Fett (29 E%), 34 g Kohlenhydrate (58 E%). 2,2 g org. Säuren (2,8 E%)

Dieses Gericht liefert 69 kcal pro 100 g.

Scrambled Tofu

2 Portionen

- **1 Möhre**
- **1 Lauchstange** (ca. 130 g)
- **1 kleiner Zucchino** (ca. 100 g)
- **2 EL Olivenöl**
- **300 g Tofu natur**
- **Sojasauce**
- **Pfeffer**

1. Die Möhre putzen, gegebenenfalls waschen und fein würfeln. Den Lauch putzen, waschen und längs vierteln. Den weißen und den hellgrünen Teil in feine Scheiben schneiden. 1 EL Öl in einer beschichteten Pfanne erhitzen. Den Lauch und die Möhre darin 4 Minuten bei mittlerer Hitze dünsten.

2. Inzwischen den Zucchino waschen, putzen und ebenfalls fein würfeln. Zum Möhren-Lauch-Gemüse geben und kurz mitdünsten. Dann noch 1 EL Öl zugeben und heiß werden lassen. Den Tofu über dem Gemüse fein zerkrümeln, unterrühren und rundum gut bräunen. Mit Sojasauce und Pfeffer abschmecken.

Tipps: Sie können auch Räuchertofu verwenden. Dieser verleiht dem Gericht eine würzigere Note. Und was das Gemüse betrifft, schmecken alle Sorten, die der Marktstand hergibt.

1 Portion (300 g): ca. 330 kcal, 23 g Eiweiß (28 E%), 24 g Fett (63 E%), 7 g Kohlenhydrate (9 E%).

Dieses Gericht liefert 110 kcal pro 100 g.

SEITE 81

Steirischer Hüttenkäse

2 Portionen

- 300 g Cocktailtomaten
- 4 Zweige Basilikum
- 400 g Hüttenkäse
- 2 TL Steirisches Kürbiskernöl
- Salz & Pfeffer

1. Die Tomaten waschen, trocken tupfen und vierteln. Das Basilikum kalt abbrausen, die Blättchen abzupfen und in Streifen schneiden. Die Tomaten und das Basilikum unter den Hüttenkäse rühren. Mit Salz und Pfeffer abschmecken. Auf zwei Schälchen verteilen und mit je 1 TL Kürbiskernöl beträufeln.

Tipps: Statt der Tomaten können Sie auch Paprikarauten unter den Hüttenkäse mischen. Das ergibt ein völlig anderes Aroma und ist ebenfalls richtig lecker!

Variante: Oder probieren Sie einmal Bayerischen Hüttenkäse. Dafür ½ Bund Radieschen waschen, putzen und grob raspeln. Unter 400 g Hüttenkäse mischen, mit Salz und Pfeffer abschmecken und mit Schnittlauchröllchen bestreuen. Dieser Hüttenkäse passt sehr gut zu den Cheddarmuffins (siehe Seite 86).

1 Portion (366 g): ca. 340 kcal, 27 g Eiweiß (32 E%), 21 g Fett (55 E%), 11 g Kohlenhydrate (13 E%).

Dieses Gericht liefert 93 kcal pro 100 g.

Grüner-Spargel-Omelett

2 Portionen

- 500 g grüner Spargel
- 2 EL Olivenöl
- 4 Eier
- 20 g Vollmilch (3,8% Fett)
- 40 g geriebener Parmesan
- Salz & Pfeffer

1. Den Spargel waschen und im unteren Drittel dünn schälen. Die holzigen Enden abschneiden und die Stangen schräg in 2 cm lange Stücke schneiden. 1 EL Öl in einer großen beschichteten Pfanne erhitzen. Den Spargel darin bei mittlerer Hitze unter Rühren in etwa 5 Minuten bissfest garen. Mit Salz und Pfeffer würzen.

2. Die Eier und die Milch mit den Schneebesen des Handrührgeräts schaumig schlagen. Den geriebenen Parmesan unterrühren. 1 EL Öl zum Spargel in die Pfanne geben und erhitzen. Den Eierschaum über den Spargel gießen. Den Eierschaum bei mittlerer Hitze etwa 4–5 Minuten stocken lassen. Zum Wenden auf einen großen Teller gleiten lassen, in die Pfanne stürzen und von der anderen Seite bei schwacher Hitze in 5–6 Minuten goldbraun braten.

Tipp: Die Spargelsaison ist immer viel zu kurz. Statt des grünen Spargels können Sie nach gleicher Zubereitungsart auch Omelett mit Mangold, frischen Pilzen oder Tomaten braten.

1 Portion (330 g): ca. 405 kcal, 25 g Eiweiß (25 E%), 31 g Fett (68 E%), 7 g Kohlenhydrate (7 E%).

Dieses Gericht liefert 123 kcal pro 100 g.

Ziegenkäseciabatta mit Grillgemüse

2 Portionen

Für das Ciabatta:
- 1 Zweig Rosmarin
- 80 g Kichererbsenmehl
- ½ Päckchen Backpulver
- 1 Ei

Für den Belag:
- 1 ½ Bund Frühlingszwiebeln
- 1 Zucchino (ca. 220 g)
- 2 Paprikaschoten (je ca. 220 g)
- 2 TL Olivenöl
- 140 g Ziegenfrischkäse
- 20 g Vollmilchjoghurt (3,5 % Fett)
- Salz & Pfeffer

1. Für das Ciabatta die Rosmarinnadeln vom Zweig streifen. Das Kichererbsenmehl mit dem Backpulver und den Rosmarinnadeln mischen. Mit 120 ml Wasser glatt rühren. 15 Minuten quellen lassen.

2. Dann den Backofen auf 180° (Umluft 160°) vorheizen. Eine kleine Kastenform mit Backpapier auslegen. Das Ei verquirlen, unter den Teig ziehen. Den Teig in der Form im Ofen (Mitte) etwa 40 Minuten backen.

3. Das Ciabatta nach dieser Backzeit samt Backpapier aus der Kastenform heben. Auf dem Backpapier auf dem Gitterrost noch weitere 10 Minuten backen. Abkühlen lassen. Anschließend das Ciabatta quer halbieren, jeweils längs aufschneiden und auskühlen lassen.

4. Inzwischen das Grillgemüse zubereiten. Frühlingszwiebeln, Zucchino und die Paprikaschoten putzen und waschen. Die weißen und hellgrünen Teile der Frühlingszwiebeln – etwa 160 g – in Ringe schneiden. Den Zucchino längs in breite Scheiben, die Paprikaschoten in Streifen schneiden.

5. 1 TL Öl in einer kleinen Pfanne erhitzen. Die Frühlingszwiebeln darin dünsten. In einer großen Grill- oder Bratpfanne ebenfalls 1 TL Öl erhitzen. Zucchino und Paprika darin so lange garen, dass sie noch gerade so bissfest sind. Dabei gelegentlich wenden. Mit Salz und Pfeffer würzen.

6. Ziegenkäse und Joghurt cremig verrühren. Die Frühlingszwiebeln unterziehen. Mit Salz und Pfeffer abschmecken. Die 4 Ciabattastücke mit der Frischkäsecreme bestreichen und üppig mit Grillgemüse belegen.

Tipp: Das Ciabatta können Sie auch auf Vorrat backen und einfrieren.

1 Portion (430 g): ca. 440 kcal, 22 g Eiweiß (21 E%), 20 g Fett (41 E%), 40 g Kohlenhydrate (38 E%).

Dieses Gericht liefert 102 kcal pro 100 g.

Cheddarmuffins mit Trüffelquark

2 Portionen

Für 4 Cheddarmuffins:
- 100 g Kichererbsenmehl
- ½ Päckchen Backpulver
- 40 g Cheddar
- 1 Ei
- 4 Papierbackförmchen für das Muffinsblech

Für den Trüffelquark:
- 300 g Magerquark
- 100 g Milch
- 2 EL Olivenöl mit Trüffelaroma
- 200 g Cocktailtomaten
- 3–4 Zweige frisches Basilikum
- Salz & Pfeffer

1. Für die Muffins das Kichererbsenmehl mit dem Backpulver mischen und mit 150 ml Wasser glatt rühren. Den Teig ca. 10 Minuten quellen lassen.

2. Inzwischen den Cheddar grob raspeln. Das Ei mit den Schneebesen des Handrührgeräts schaumig schlagen. Den Backofen auf 180° (Umluft 160°) vorheizen. Die Papierbackförmchen in 4 Vertiefungen eines Muffinsblechs setzen. Den Käse und das Ei unter den Kichererbsenteig ziehen. Den Teig gleichmäßig auf die 4 Papierbackförmchen verteilen. Im Ofen (Mitte) etwa 50 Minuten backen.

3. Währenddessen den Trüffelquark zubereiten. Den Quark mit der Milch und dem Trüffelöl in einer Schüssel gut verrühren. Das Basilikum kalt abbrausen, die Blättchen abzupfen und – bis auf wenige Blättchen für die Deko – in feine Streifen schneiden. Die Tomaten waschen, trocken tupfen und fein würfeln. Die Tomaten und das Basilikum unter den Quark ziehen. Auf zwei Tellern je 2 Muffins mit der Hälfte des Quarks anrichten. Mit Basilikumblättchen garnieren.

Tipps: Sie können die Cheddarmuffins auch mit Bayerischem Hüttenkäse (siehe Seite 82) servieren. Dann werden sie zum leckeren Snack für 4 Personen.

Die Muffins können auch prima auf Vorrat gebacken und eingefroren werden. Verdreifachen Sie dazu jeweils die angegebenen Zutatenmengen und verteilen Sie den Teig auf 12 Papierbackförmchen.

1 Portion (443 g): ca. 535 kcal, 40 g Eiweiß (31 E%), 26 g Fett (43 E%), 35 g Kohlenhydrate (26 E%).

Dieses Gericht liefert 121 kcal pro 100 g.

Kürbis und Halloumi im Salatbett

2 Portionen

- 700 g Hokkaidokürbis
- 1 ½ Limetten
- 1 kleine getrocknete rote Chilischote
- 1 EL Agavendicksaft
- 2 EL & 1 TL Sesamöl
- 200 g Rucola
- 160 g Halloumi (Grillkäse, gibt's im Supermarkt)
- Salz & Pfeffer

1. Den Kürbis halbieren, die Kerne mit einem Löffel entfernen, den Kürbis mit einem Spargelschäler schälen. Das Kürbisfleisch in mundgerechte Würfel schneiden. Die Limetten auspressen. Die Chilischote mithilfe eines Teelöffels oder im Mörser fein zerdrücken. Für das Salatdressing Limettensaft, Chili, Agavendicksaft, Salz, Pfeffer und 1 EL Öl gut verrühren. Den Rucola waschen und trocken schleudern. Die langen Stängel abknipsen. Den Rucola und das Dressing gut mischen.

2. Den Backofen auf 100° (Umluft 80°) vorheizen. 1 EL Öl in einer beschichteten Pfanne erhitzen. Die Kürbiswürfel darin anbraten. Dann bei mittlerer Hitze und geschlossenem Deckel in 4–5 Minuten bissfest garen. Dabei gelegentlich wenden. Anschließend salzen, pfeffern, in eine Auflaufform geben und im Ofen warm halten.

3. In einer kleinen beschichteten Pfanne 1 TL Öl erhitzen. Den Halloumi längs in 2 Scheiben schneiden und von beiden Seiten kurz anbraten. Den Rucola auf zwei Teller verteilen. Die Kürbiswürfel und den gebratenen Halloumi auf dem Salat anrichten.

Tipp: Probieren Sie das Gericht zur Abwechslung auch einmal mit mariniertem und gebratenem Tofu anstelle von Halloumi.

1 Portion (410 g): ca. 490 kcal, 24 g Eiweiß (20 E%), 35 g Fett (63 E%), 20 g Kohlenhydrate (17 E%).

Dieses Gericht liefert 120 kcal pro 100 g.

SEITE 89

Gebratener Kürbis mit Feldsalat

2 Portionen

- 900 g Hokkaidokürbis
- 220 g Feldsalat
- 1 EL Rapsöl
- 4 EL Aceto balsamico
- 2 EL Kürbiskernöl
- 30 g Kürbiskerne
- Salz & Pfeffer

1. Den Kürbis halbieren, die Kerne mit einem Löffel entfernen, den Kürbis mit einem Spargelschäler schälen. Das Kürbisfleisch in mundgerechte Würfel schneiden. Den Feldsalat verlesen, gründlich waschen und trocken schleudern.

2. Das Rapsöl in einer beschichteten Pfanne erhitzen. Die Kürbiswürfel darin anbraten. Dann bei mittlerer Hitze und geschlossenem Deckel in 4–5 Minuten bissfest garen. Dabei gelegentlich wenden.

3. Für das Salatdressing den Essig mit Salz, Pfeffer und schließlich dem Kürbiskernöl verrühren. Den Feldsalat und das Dressing gut mischen. Den Salat auf zwei Teller verteilen. Die Kürbiswürfel salzen und pfeffern. Dekorativ auf dem Salat anrichten und alles mit Kürbiskernen bestreuen.

1 Portion (405 g): ca. 330 kcal, 10 g Eiweiß (12 E%), 24 g Fett (64 E%), 20 g Kohlenhydrate (24 E%).

Dieses Gericht liefert 81 kcal pro 100 g.

Lauwarmer Fenchelsalat

2 Portionen

- **3–4 Fenchelknollen** (ca. 900 g)
- **140 g mittelalter Ziegenkäse Gouda**
- **1 EL Olivenöl**
- **2 hart gekochte Eier**
- **2 TL Balsamico bianco**
- **40 g Sahne**
- **Salz & Pfeffer**

1. Den Fenchel waschen. Das Fenchelgrün abschneiden und etwas davon beiseitelegen. Jeweils den Strunk aus den Fenchelknollen herausschneiden. Die Knollen in Spalten schneiden. Den Ziegenkäse in kleine Würfel schneiden.

2. Das Öl in einer beschichteten Pfanne erhitzen. Die Fenchelspalten darin jeweils von beiden Seiten braten, bis sie schön gebräunt, aber noch bissfest sind.

3. Für das Salatdressing den Essig mit Salz, Pfeffer und schließlich der Sahne gut verrühren. Die Eier pellen und längs vierteln. Den gebratenen Fenchel mit Salz und Pfeffer würzen. Den Ziegenkäse und das Salatdressing locker untermischen. Auf zwei Tellern mit den Eiern anrichten und mit Fenchelgrün garnieren. Sofort servieren.

1 Portion (440 g): ca. 515 kcal, 32 g Eiweiß (25 E%), 38 g Fett (65 E%), 13 g Kohlenhydrate (10 E%).

Dieses Gericht liefert 117 kcal pro 100 g.

Champignonsalat mit Pecorino

2 Portionen

- **800 g frische Champignons**
- **2 große rote Zwiebeln** (ca. 300 g)
- **1 unbehandelte Zitrone**
- **2 EL Olivenöl**
- **100 g Pfeffer-Pecorino**
- **2–3 Zweige Zitronenthymian** (ersatzweise Thymian)
- **Salz & Pfeffer**

1. Die Champignons trocken abreiben, die Stielenden abschneiden, die Champignons vierteln. Die Zwiebeln abziehen, halbieren und in dünne Spalten schneiden. Die Zitrone waschen, trocken tupfen und 1 TL Schale abreiben. Anschließend quer halbieren und 4 dünne Scheiben abschneiden. Den Pecorino mit einem Gurkenhobel in Streifen hobeln.

2. Das Öl in einer großen beschichteten Pfanne erhitzen. Die Zwiebeln darin glasig dünsten. Dann die Champignons und die 4 Zitronenscheiben mitbraten, bis die Champignons gar sind. Die Zitronenscheiben herausnehmen. Die Thymianblättchen von den Zweigen streifen und die Champignons damit bestreuen. Den warmen Champignonsalat in einer Schüssel mit Zitronensaft, geriebener Zitronenschale, Salz und Pfeffer abschmecken. Gut durchmischen und mit dem Pecorino auf zwei Tellern anrichten.

Tipps: Je nach Geschmack können Sie den Champignonsalat zusätzlich mit frischem Basilikum oder frischer Petersilie würzen. Anstelle des Pecorinos schmecken auch Parmesan oder griechischer Schafskäse zum Champignonsalat.

1 Portion (420 g): ca. 425 kcal, 28 g Eiweiß (26 E%), 30 g Fett (62 E%), 12 g Kohlenhydrate (12 E%).

Dieses Gericht liefert 101 kcal pro 100 g.

Gebratener Spargelsalat à l'orange

2 Portionen

- **1 kg weißer Spargel**
- **2 unbehandelte Orangen** (ca. 640 g)
- **1 EL Olivenöl**
- **1 EL Olivenöl mit Orangenaroma**
- **60 g Parmesan**
- **Salz & Pfeffer**

1. Den Spargel waschen, mit Ausnahme der Spargelspitzen schälen und die holzigen Stangenenden schräg abschneiden. Die Spargelspitzen 3 cm lang abschneiden, den Rest der Spargelstangen schräg in dünne Scheiben schneiden. Den Parmesan mit einem Gurkenhobel in Streifen hobeln. Die Orangen inklusive der weißen Haut schälen. Mit einem scharfen Messer über einer Schüssel filetieren. Die Filets in einem Sieb gut abtropfen lassen. (Der Saft wird nicht benötigt, er macht den Salat zu wässrig.)

2. 1 EL Olivenöl in einer großen beschichteten Pfanne erhitzen. Den Spargel darin unter Rühren in 5–6 Minuten bissfest braten. Mit Salz und Pfeffer würzen. Den Spargel, die Orangenfilets und das Olivenöl mit Orangenaroma mischen. Mit Salz und Pfeffer abschmecken. Den Salat mit dem Parmesan obenauf auf zwei Tellern anrichten.

Tipps: Für ein intensiveres Orangenaroma – oder anstelle des Olivenöls mit Orangenaroma – etwas abgeriebene Orangenschale unterziehen.

Sie können auch Fenchel auf diese Weise zubereiten. Er harmoniert geschmacklich wunderbar mit den Orangen. Die Zubereitung von Fenchel wird im Rezept »Lauwarmer Fenchelsalat« (siehe Seite 91) beschrieben.

1 Portion (440 g): ca. 330 kcal, 18 g Eiweiß (21 E%), 23 g Fett (58 E%), 18 g Kohlenhydrate (21 E%).

Dieses Gericht liefert 76 kcal pro 100 g.

Birnen-Käse-Salat mit Endivie

2 Portionen

- 450 g Endivie
- 1 mittelgroße rote Zwiebel
- 500 g reife Birnen (z. B. Williams Christ)
- 1 TL getrocknete Koriandersamen
- 2 TL Rapsöl
- 1 TL Agavendicksaft
- 40 g Sahne
- 100 g Blauschimmelkäse
- Salz & Pfeffer

1. Die Endivie vom Strunk aus vierteln, waschen und im Sieb trocken schütteln. Die Zwiebel abziehen, halbieren und in schmale Spalten schneiden. Den Backofen auf 100° vorheizen. Die Birnen waschen, Stiele und Kerngehäuse herausschneiden. Die Birnen in Spalten schneiden. Den Koriandersamen im Mörser zerstoßen.

2. 1 TL Öl in einer großen beschichteten Pfanne erhitzen. Die Endivienviertel darin 1–2 Minuten unter Rühren braten. In eine Auflaufform geben und im abgeschalteten Ofen warm stellen. In derselben Pfanne erneut 1 TL Öl erhitzen. Den Koriander darin 1 Minute rösten, die Zwiebeln zufügen und goldbraun braten. Dann die Birnen zugeben und unter Wenden 1–2 Minuten dünsten. Den Agavendicksaft darüberträufeln, mit der Sahne ablöschen und mit Salz und Pfeffer abschmecken.

3. Die gebratene Endivie auf zwei Tellern anrichten. Die Birnen mit einem Schaumlöffel aus der Pfanne heben und zu gleichen Teilen darauf verteilen. Alles mit etwas Sahnesauce beträufeln. Je die Hälfte des Blauschimmelkäses über die Salate krümeln.

Tipp: Auch Frisée, Chicorée oder Radicchio können Sie als Basis für den fruchtigen Käsesalat verwenden. Wie im Rezept beschrieben werden auch diese nicht roh serviert, sondern kurz gebraten.

1 Portion (420 g): ca. 425 kcal, 16 g Eiweiß (17 E%), 27 g Fett (57 E%), 28 g Kohlenhydrate (26 E%).

Dieses Gericht liefert 101 kcal pro 100 g.

Selleriesalat nach Waldorf

2 Portionen

- **2 Zitronen**
- **80 g saure Sahne**
- **1 EL Agavendicksaft**
- **120 g Ziegenfrischkäse**
- **40 g Walnusskerne**
- **400 g Knollensellerie**
- **1 großer säuerlicher Apfel** (z. B. Boskop, etwa 180 g)
- **40 g getrocknete Cranberrys** (möglichst ungezuckert)
- **Salz & Pfeffer**

1. Die Zitronen auspressen. Für das Salatdressing den Zitronensaft mit der sauren Sahne, Agavendicksaft, Salz und Pfeffer verrühren.

2. Die Walnusskerne fein hacken oder im Mörser zerstoßen. Den Ziegenfrischkäse zu 6 Kugeln gleicher Größe formen. Diese in den Walnüssen wälzen, bis sie rundum gleichmäßig damit bedeckt sind.

2. Den Knollensellerie schälen und waschen. Den Apfel waschen, das Kerngehäuse herausschneiden. Den Sellerie fein und den Apfel grob raspeln. Sellerie, Apfel und das Salatdressing gut mischen. Die Cranberrys klein schneiden und unterheben. Den Selleriesalat auf zwei Tellern anrichten. Mit je 3 Ziegenkäsebällchen krönen.

1 Portion (380 g): ca. 415 kcal, 15 g Eiweiß (15 E%), 24 g Fett (51 E%), 35 g Kohlenhydrate (34 E%).

Dieses Gericht liefert 109 kcal pro 100 g.

SEITE 97

Avocado-Tomaten-Salat

2 Portionen

- **500 g bunte Cocktailtomaten**
- **4 Stängel Koriander** (ersatzweise Basilikum)
- **140 g Büffelmozzarella**
- **1 Zitrone**
- **1 EL Sesamöl**
- **1 reife Avocado** (ca. 250 g)
- **Salz & Pfeffer**

1. Die Tomaten waschen und vierteln, gegebenenfalls die Stielansätze herausschneiden. Den Koriander waschen und trocken schütteln. Die Blättchen vom Stängel zupfen und fein hacken. Den Mozzarella in mundgerechte Würfel schneiden. Die Zitrone auspressen. Für das Salatdressing den Zitronensaft mit Salz, Pfeffer und schließlich dem Öl gut verrühren.

2. Die Avocado längs halbieren, die Hälften gegeneinanderdrehen und den Kern herauslösen. Das Fruchtfleisch mit einem Löffel aus der Schale lösen und in mundgerechte Würfel schneiden. Behutsam mit den Tomaten und dem Mozzarella mischen. In zwei Schälchen anrichten, mit Koriander bestreuen und mit dem Dressing beträufeln.

Tipp: Falls Ihnen das Aroma des Büffelmozzarellas zu intensiv ist, können Sie ihn durch den handelsüblichen Mozzarella auf Kuhmilchbasis austauschen. Auch probieren: Avocado-Tomaten-Salat mit Feta.

1 Portion (420 g): ca. 445 kcal, 17 g Eiweiß (16 E%), 38 g Fett (76 E%), 10 g Kohlenhydrate (8 E%).

Dieses Gericht liefert 106 kcal pro 100 g.

Gratinierte Feigen auf Babyspinat

2 Portionen

- **4 Feigen** (ca. 260 g)
- **160 g Ziegenfrischkäse**
- **1–2 Zweige Thymian**
- **1–2 Zweige Rosmarin**
- **2 EL Agavendicksaft**
- **20 g Pinienkerne**
- **120 g Babyspinat**
- **400 g Pastinaken** (geputzt gewogen 330 g)
- **3 EL Olivenöl**
- **4 EL Balsamico bianco**
- **2 TL Dijon-Senf**
- **etwas Butter für die Form**
- **Salz & Pfeffer**

1. Den Backofen auf 180° (Umluft 160°) vorheizen. Eine Auflaufform mit etwas Butter fetten. Die Feigen gut waschen, trocken tupfen und entstielen. Von der Oberseite her über Kreuz so tief einschneiden, dass sich die Feigen leicht auseinanderklappen lassen. Den Ziegenfrischkäse mit den abgezupften Thymianblättchen und Rosmarinnadeln verrühren. Die Feigen mit der Frischkäsemischung füllen, in die Auflaufform setzen und mit 1 EL Agavendicksaft beträufeln. Mit den Pinienkernen bestreuen und im Ofen (Mitte) etwa 25 Minuten gratinieren.

2. Inzwischen den Babyspinat waschen, verlesen und trocken schleudern. Die Pastinaken putzen, waschen und in sehr kleine Würfelchen von etwa 3×3 mm schneiden. In einer großen beschichteten Pfanne 1 EL Öl erhitzen. Die Pastinaken darin in 5–8 Minuten bissfest garen. Dabei gelegentlich umrühren.

3. Für das Salatdressing den Essig mit 1 EL Agavendicksaft, 20 ml Wasser, Senf, Salz, Pfeffer und schließlich 2 EL Öl gut verrühren. Die Spinatblätter und die Pastinaken mit dem Dressing locker mischen. Den Salat auf zwei Teller verteilen und die gratinierten Feigen darauf anrichten.

Info: Wenn Sie auf den Geschmack gekommen sind, probieren Sie Pastinaken doch auch einmal in Scheiben geschnitten, gebraten und dann mit Parmesan bestreut als herzhafte Gemüsebeilage zu Hauptgerichten. Sie ist noch weitaus vielseitiger: In dünne Streifen geschnitten und gekocht, stellt sie eine köstliche und kohlenhydratarme Alternative zu Nudeln dar (siehe Pastinakenpasta mit Austernpilzen Seite 172).

1 Portion (440 g): ca. 490 kcal, 15 g Eiweiß (13 E%), 33 g Fett (60 E%), 33 g Kohlenhydrate (27 E%).

Dieses Gericht liefert 112 kcal pro 100 g.

Mediterrane Tofubratlinge im Rucolabett

2 Portionen

Für die Tofubratlinge:

- **2 Msp. gekörnte Gemüsebrühe** (Instantprodukt)
- **40 g getrocknete Tomaten**
- **300 g Tofu natur**
- **6–8 Stängel Basilikum**
- **1 Ei**
- **40 g Sojamehl**
- **1 EL Olivenöl**

Für den Salat:

- **80 g Rucola** (geputzt gewogen)
- **50 g Radicchio** (geputzt gewogen)
- **240 g Cocktailtomaten**
- **4 EL Balsamico bianco**
- **2 EL Olivenöl**
- **Salz & Pfeffer**

1. Die Gemüsebrühe mit 100 ml heißem Wasser verrühren. Die getrockneten Tomaten 20 Minuten zugedeckt darin einweichen und quellen lassen.

2. Dann zunächst den Salat zubereiten. Den Rucola und die Radicchioblätter waschen und trocken schleudern. Die langen Rucolastängel abknipsen und die Blättchen in mundgerechte Stücke zupfen. Die Radicchioblätter in Streifen schneiden. Die Tomaten waschen, trocken tupfen und vierteln. Für das Salatdressing den Essig mit Salz, Pfeffer und schließlich dem Öl gut verrühren. Rucola, Radicchio, Tomaten und das Dressing in einer Schüssel locker mischen. Zugedeckt kühl stellen.

3. Den Tofu in einer Schüssel fein zerkrümeln. Die eingeweichten Tomaten in einem Sieb abtropfen lassen, trocken tupfen und in kleine Würfel schneiden. Das Basilikum waschen und trocken schütteln. Die Blättchen abzupfen und in feine Streifen schneiden. Die Tomaten und das Basilikum unter den Tofu mischen. Das Ei mit einer Gabel unterquirlen. Das Sojamehl darüberstäuben und die Tofumischung mit den Händen zu einer homogenen Creme verkneten. Mit Salz und Pfeffer abschmecken. Aus dem Tofuteig 12 tischtennisgroße Kugeln formen. Diese gut zusammendrücken und auf diese Weise zu flachen Bratlingen formen.

4. Das Öl in einer großen beschichteten Pfanne erhitzen. Die Bratlinge darin bei mittlerer Hitze goldgelb ausbacken. Dabei ein- bis zweimal wenden. Den Salat noch einmal gut durchmischen und auf zwei Teller verteilen. Je 6 Bratlinge ins Salatbett setzen und sofort servieren.

1 Portion (430 g): ca. 525 kcal, 36 g Eiweiß (28 E%), 37 g Fett (62 E%), 14 g Kohlenhydrate (10 E%).

Dieses Gericht liefert 122 kcal pro 100 g.

Grüne-Bohnensalat mit Schafskäse

2 Portionen

- **470 g grüne Bohnen**
- **160 g Cocktailtomaten**
- **1 kleine Zwiebel** (ca. 50 g)
- **160 g Feta** (Schafskäse)
- **4 EL Balsamico bianco**
- **3 EL Olivenöl**
- **Salz & Pfeffer**

1. Die Bohnen putzen, waschen und in sprudelnd kochendem Salzwasser in 8–10 Minuten bissfest kochen. In ein Sieb abgießen, kalt abbrausen, abtropfen und abkühlen lassen.

2. Inzwischen die Cocktailtomaten waschen, trocken tupfen, vierteln und die Viertel noch einmal quer halbieren. Die Zwiebel abziehen und in dünne Ringe schneiden. Für das Salatdressing den Essig mit der Zwiebel, Salz, Pfeffer und schließlich dem Öl gut verrühren. Die Bohnen, die Tomaten und das Dressing locker mischen. Auf zwei Tellern anrichten. Je die Hälfte des Schafskäses über den Salat krümeln.

Tipp: Sie können diesen Salat auch einige Stunden vor dem Verzehr zubereiten und dann zugedeckt an einem kühlen Ort durchziehen lassen. Den Schafskäse allerdings erst unmittelbar vor dem Verzehr darüberkrümeln.

1 Portion (430 g): ca. 425 kcal, 20 g Eiweiß (19 E%), 34 g Fett (70 E%), 12 g Kohlenhydrate (11 E%).

Dieses Gericht liefert 99 kcal pro 100 g.

Rote Bete mit Kichererbsen

2 Portionen

- **200 g Kichererbsen** (Abtropfgewicht, aus der Dose)
- **400 g gegarte Rote Bete** (frisch gekocht oder vakuumverpackt)
- **4 Stängel Pfefferminze**
- **200 g Vollmilchjoghurt** (3,8% Fett)
- **1 TL Agavendicksaft**
- **2 Msp. Currypulver**
- **½ TL Koriandersamen**
- **¼ TL Kreuzkümmel**
- **1 EL Sesamöl**
- **Salz & Pfeffer**

1. Die Kichererbsen in ein Sieb abgießen, kalt abbrausen und abtropfen lassen. Die Rote Bete kalt waschen und trocken tupfen. In mundgerechte Würfel schneiden. Die Minze waschen und trocken tupfen. Die Blättchen abzupfen und – bis auf wenige Blättchen für die Deko – fein hacken. Den Joghurt mit Agavendicksaft und Currypulver gut verrühren. Die Minze unterziehen.

2. Koriandersamen und Kreuzkümmel im Mörser zerstoßen. Das Öl in einer beschichteten Pfanne erhitzen. Die Gewürze darin 2 Minuten unter Rühren rösten. Die Rote Bete zugeben und bei mittlerer Hitze 4–5 Minuten braten. Dabei gelegentlich wenden. Dann die Kichererbsen unter Rühren zugeben. Noch so lange rühren, bis die Kichererbsen erwärmt sind. Das Gemüse mit Salz und Pfeffer abschmecken und auf zwei Teller verteilen. Mit der Joghurtsauce übergießen und mit Minzeblättchen garnieren.

Tipp: Wenn Sie Zeit mitbringen, können Sie auch 300 g frische Rote Bete und 100 g getrocknete Kichererbsen verwenden. Die Rote Bete muss etwa 45 Minuten kochen, dann wird sie geschält und weiterverarbeitet wie beschrieben. Die Kichererbsen müssen 12 Stunden einweichen und dann rund 45 Minuten kochen, bevor sie wie beschrieben verwendet werden können.

1 Portion (415 g): ca. 320 kcal, 16 g Eiweiß (19 E%), 13 g Fett (35 E%), 36 g Kohlenhydrate (46 E%).

Dieses Gericht liefert 77 kcal pro 100 g.

Asiatischer Tofusalat

2 Portionen

- 240 g Tofu natur
- ½ Stange Zitronengras
- 10–12 Stängel frischer Koriander
- 8–10 Stängel frische Pfefferminze
- 1 Bund Frühlingszwiebeln (geputzt gewogen ca. 100 g)
- 2 mittelgroße Landgurken (ca. 150 g)
- 3 Limetten
- 1 kleine, getrocknete rote Chilischote
- 1 EL Agavendicksaft
- 1 EL Sesamöl
- 30 g Sesamsaat
- Salz & Pfeffer

1. Den Tofu in sehr kleine Würfel schneiden. Das Zitronengras waschen, längs vierteln, mit dem Messer etwas quetschen und in ganz dünne Scheibchen schneiden. Koriander und Pfefferminze waschen und trocken tupfen. Die Blättchen abzupfen und zusammen fein hacken. Die Frühlingszwiebeln putzen und waschen. Die weißen und hellgrünen Teile in Ringe schneiden. Die Gurken dünn schälen, längs vierteln und in dünne Scheibchen schneiden. Den Tofu mit dem Zitronengras, Koriander, Minze, Frühlingszwiebeln und Gurken mischen.

2. Die Limetten auspressen. Die Chilischote mithilfe eines Teelöffels oder im Mörser fein zerdrücken. Für das Salatdressing den Limettensaft mit Chili, Agavendicksaft, Salz, Pfeffer und schließlich dem Öl gut verrühren. Das Dressing über den Salat gießen und unterziehen. Die Sesamsaat in einer beschichteten Pfanne ohne Fett rösten, bis sie duftet. Dann sofort unter den Salat mischen.

3. Den Tofusalat vor dem Verzehr mindestens 2 Stunden – besser länger – durchziehen lassen.

1 Portion (330 g): ca. 345 kcal, 20 g Eiweiß (24 E%), 23 g Fett (59 E%), 14 g Kohlenhydrate (17 E%).

Dieses Gericht liefert 105 kcal pro 100 g.

Linsensalat mit Mango

2 Portionen

- **80 g rote Linsen**
- **10–12 Stängel frischer Koriander**
- **2 Limetten**
- **2 EL Sesamöl**
- **1 kleiner Eisbergsalat** (rund 250 g)
- **1 Bund Frühlingszwiebeln** (geputzt gewogen ca. 100 g)
- **200 g frisches Mangofruchtfleisch**
- **Salz**

1. Die Linsen mit 200 ml Wasser in einen Topf geben und zum Kochen bringen. Bei schwacher Hitze und geschlossenem Deckel in 15 Minuten weich, aber noch bissfest garen. Dabei gelegentlich umrühren.

2. Inzwischen den Koriander waschen und trocken schütteln. Die Blättchen abzupfen und fein hacken. Die Limetten auspressen. Für das Salatdressing den Limettensaft zunächst mit Salz und schließlich mit dem Öl verrühren. Die Korianderblättchen unterrühren. Die Salatblätter vom Strunk lösen, waschen und trocken tupfen. In feine Streifen schneiden. Die Hälfte des Dressings unter den Eisbergsalat heben.

3. Die Frühlingszwiebeln putzen. Die weißen und hellgrünen Teile in Ringe schneiden. Das Mangofruchtfleisch in kleine Würfel schneiden. Die Frühlingszwiebeln, die Mangowürfel und das übrige Salatdressing unter die gegarten Linsen ziehen. Den Eisbergsalat auf zwei Teller verteilen und den Linsensalat darauf anrichten.

Tipp: Sie können den Linsensalat auch einige Stunden vor dem Verzehr zubereiten und dann zugedeckt an einem kühlen Ort durchziehen lassen. Den Eisbergsalat am besten erst unmittelbar vor dem Verzehr mit dem Dressing mischen.

1 Portion (375 g): ca. 310 kcal, 13 g Eiweiß (16 E%), 13 g Fett (38 E%), 35 g Kohlenhydrate (46 E%).

Dieses Gericht liefert 83 kcal pro 100 g.

Weiße-Bohnensalat mit Manouri

2 Portionen

- 100 g getrocknete weiße Bohnen (klein)
- 60 g getrocknete Tomaten
- 400 g Salatgurke
- 1 kleiner Bund glatte Petersilie
- 1 Bund Basilikum
- 2 Zitronen
- 2 EL Olivenöl
- 160 g Manouri (junger Schafskäse)
- Salz & Pfeffer

Am Vortag: Die Bohnen über Nacht in kaltem Wasser einweichen.

1. Am Zubereitungstag das Einweichwasser abgießen. Die Bohnen mit frischem, kaltem Wasser zum Kochen bringen. Bei schwacher Hitze und geschlossenem Deckel in 30–40 Minuten weich kochen. Anschließend in ein Sieb abgießen und abtropfen lassen.

2. Erst jetzt die getrockneten Tomaten in feine Streifen schneiden. Die Gurke schälen und fein würfeln. Petersilie und Basilikum waschen, trocken tupfen und die Blättchen abzupfen. Die Kräuter fein hacken. Die Zitronen auspressen. Für das Salatdressing den Zitronensaft mit Salz, Pfeffer und schließlich dem Öl gut verrühren. Die Kräuter unterrühren.

3. Die Bohnen, Tomaten und Gurken mit dem Salatdressing mischen. Den Schafskäse zerkrümeln und 120 g unter den Salat heben. Den Bohnensalat auf zwei Tellern anrichten und jeweils mit der Hälfte des restlichen Käses bestreuen.

Tipps: Wenn es schneller gehen soll, können Sie auch 240 g abgetropfte weiße Bohnen aus der Dose verwenden. Stattdessen können Sie diesen Salat aber auch schon am Vortag zubereiten und dann zugedeckt an einem kühlen Ort durchziehen lassen. Die 40 g Käse allerdings erst unmittelbar vor dem Verzehr über den Bohnensalat streuen.

Statt Manouri können Sie auch Feta verwenden.

1 Portion (430 g): ca. 505 kcal, 28 g Eiweiß (23 E%), 29 g Fett (50 E%), 35 g Kohlenhydrate (27 E%).

Dieses Gericht liefert 102 kcal pro 100 g.

Olivenbratlinge auf buntem Salat

2 Portionen

Für die Olivenbratlinge:

- **2–3 Zweige Rosmarin**
- **120 g Kichererbsenmehl**
- **1 kleines Ei**
- **80 g entsteinte schwarze Oliven**
- **60 g Feta** (Schafskäse)
- **1 EL Olivenöl**

Für den Salat:

- **½ Kopfsalat** (ca. 200 g)
- **80 g Cocktailtomaten**
- **¼ Gurke** (ca. 100 g)
- **200 g gelbe Paprikaschote**
- **4 Msp. gekörnte Gemüsebrühe**
- **½ kleine Zwiebel**
- **2 EL Balsamico bianco**
- **1 EL Olivenöl**

1. Für die Bratlinge die Rosmarinnadeln von den Zweigen streifen. Mit dem Kichererbsenmehl und 140 ml Wasser gut verrühren. Das Ei verquirlen und unter den Kichererbsenteig ziehen. 15 Minuten zugedeckt quellen lassen.

2. Inzwischen die Salatblätter vom Strunk lösen, waschen und trocken schleudern. In mundgerechte Stücke zerzupfen. Die Tomaten waschen, trocken tupfen und vierteln. Die Gurke schälen, längs halbieren und in Scheiben schneiden. Die Paprikaschote waschen, putzen und fein würfeln. Kopfsalat, Tomaten, Gurke und Paprika in einer Schüssel mischen. Zugedeckt beiseitestellen.

3. Die Gemüsebrühe mit 2–3 EL heißem Wasser verrühren. Die Zwiebel abziehen und in kleine Würfel schneiden. Für das Salatdressing die Gemüsebrühe mit der Zwiebel, Essig und Öl gut verrühren.

4. Die Oliven klein hacken. Den Schafskäse fein zerkrümeln oder auf der Gemüsereibe grob raspeln. Oliven und Schafskäse unter den Kichererbsenteig ziehen. 12 tischtennisgroße Kugeln daraus formen. Diese gut zusammendrücken und auf diese Weise zu flachen Bratlingen formen. Das Öl in einer großen beschichteten Pfanne erhitzen. Die Bratlinge bei mittlerer Hitze goldgelb ausbacken, dabei ein- bis zweimal wenden.

5. Das Salatdressing unter den Salat heben und auf zwei Teller verteilen. Die Bratlinge darauf anrichten.

1 Portion (475 g): ca. 600 kcal, 24 g Eiweiß (17 E%), 39 g Fett (59 E%), 36 g Kohlenhydrate (24 E%).

Dieses Gericht liefert 126 kcal pro 100 g.

Ananassalat mit Sprossen

2 Portionen

- 120 g Kichererbsensprossen
- 140 g Ananasfruchtfleisch
- 1 mittelgroße rote Zwiebel (ca. 100 g)
- 280 g säuerliche Äpfel
- 1 Zitrone
- ½ TL Currypulver
- 200 g Vollmilchjoghurt (3,8 % Fett)
- 60 g Cashewkerne
- Salz & Pfeffer

1. Die Kichererbsensprossen in einem Sieb kalt abbrausen und kurz abtropfen lassen. In 400 ml Wasser etwa 10–15 Minuten köcheln lassen. Inzwischen das Ananasfruchtfleisch in kleine Würfel schneiden. Die Zwiebel abziehen und klein würfeln. Die Äpfel waschen, vierteln, das Kerngehäuse herausschneiden. Die Apfelviertel in kleine Würfel schneiden. Die Zitrone auspressen. Den Joghurt mit dem Currypulver verrühren. Die Kichererbsensprossen in ein Sieb abgießen und gut abtropfen lassen.

2. Äpfel, Ananas, Zwiebel und Zitronensaft mischen. Den Curryjoghurt unterziehen und die Kichererbsensprossen unterheben. Den Salat mit Salz und Pfeffer abschmecken. Schließlich die Cashewkerne hacken und in einer beschichteten Pfanne ohne Fett rösten, bis sie duften. Den Salat auf zwei Tellern anrichten und mit den Cashewkernen bestreuen.

Tipp: Besonders ansprechend ist es, den Salat in der Ananasschale zu servieren. Dazu 1 von 2 kleinen Babyananas (à 500 g) längs halbieren, wobei das Blattende und die Blätter nicht abgeschnitten werden! Das Fruchtfleisch dieser Ananas dann mit einem Messer herausschneiden und klein würfeln. Die zweite Ananas schälen, vierteln, den harten Strunk herausschneiden und das Fruchtfleisch ebenfalls klein würfeln. Weiterverarbeiten wie beschrieben.

1 Portion (440 g): ca. 450 kcal, 17 g Eiweiß (15 E%), 21 g Fett (41 E%), 44 g Kohlenhydrate (44 E%).

Dieses Gericht liefert 102 kcal pro 100 g.

SEITE 111

Topinambursalat

2 Portionen

- 800 g Topinambur
- 40 g Rucola
- 1 kleine Zwiebel
- ½ TL gekörnte Brühe (Instantprodukt)
- 4 EL Balsamico bianco
- 2 EL Rapsöl
- 3 hart gekochte Eier
- Salz & Pfeffer

1. Die Topinamburknollen mit einer Gemüsebürste unter fließend kaltem Wasser gründlich abbürsten. In einem Topf mit 500 ml Wasser aufkochen lassen. Bei schwacher Hitze und geschlossenem Deckel in 20–25 Minuten weich kochen.

2. Inzwischen den Rucola waschen, trocken schleudern, die langen Stängel abknipsen. Den Rucola fein hacken. Die Zwiebel abziehen und fein würfeln. Die Gemüsebrühe mit 2 EL heißem Wasser verrühren. Für das Salatdressing die Gemüsebrühe mit der Zwiebel, Essig und Öl gut verrühren. Die Topinamburknollen schälen und in dünne Scheiben schneiden. Das Salatdressing und den Rucola unter die Topinamburscheiben heben, behutsam mischen. Mit Salz und Pfeffer abschmecken.

3. Mindestens 2 Stunden gut durchziehen lassen, am besten aber mehrere Stunden. Die Eier pellen und vierteln. Den Topinambursalat auf zwei Tellern mit den Eivierteln obenauf anrichten.

Tipp: Dieser Topinambursalat ist ein prima Ersatz für Kartoffelsalat und enthält dabei nur 13 g Kohlenhydrate pro Portion. Die gleiche Menge Kartoffelsalat liefert etwa 40 g Kohlenhydrate.

1 Portion (415 g): ca. 290 kcal, 15 g Eiweiß (22 E%), 19 g Fett (59 E%), 13 g Kohlenhydrate (19 E%).

Dieses Gericht liefert 70 kcal pro 100 g.

Salat Niçoise

2 Portionen

- **½ Kopfsalat** (ca. 200 g)
- **160 g Cocktailtomaten**
- **230 g Bohnen**
- **1 kleine rote Zwiebel**
- **80 g entsteinte grüne Oliven**
- **4–5 Artischockenherzen** (ca. 120 g, in Wasser oder Essig eingelegt)
- **4 EL Balsamico bianco**
- **3 EL Olivenöl**
- **2 hart gekochte Eier**
- **Salz & Pfeffer**

1. Die äußeren Salatblätter entfernen. Die Salatblätter vom Strunk lösen, waschen und trocken schleudern. In mundgerechte Stücke zerzupfen. Die Tomaten waschen, trocken tupfen und vierteln. Die Bohnen putzen, waschen und in Salzwasser in 8–10 Minuten bissfest garen. In ein Sieb abgießen, kalt abbrausen und gut abtropfen lassen.

2. Die Zwiebel abziehen und in dünne Ringe schneiden. Die Oliven in Ringe schneiden. Die Artischockenherzen vierteln. Für das Salatdressing den Essig mit Salz, Pfeffer und schließlich dem Öl gut verrühren. Salat, Tomaten, Bohnen und die Hälfte des Salatdressings gut mischen. Auf zwei Teller verteilen.

3. Die Eier pellen, längs vierteln. Mit den Zwiebelringen, den Artischockenvierteln und den Olivenringen auf dem Salat anrichten. Das übrige Salatdressing darüberträufeln und den Salat sofort servieren.

1 Portion (495 g): ca. 405 kcal, 18 g Eiweiß (16 E%), 33 g Fett (72 E%), 14 g Kohlenhydrate (12 E%).

Dieses Gericht liefert 82 kcal pro 100 g.

Sesamsellerie auf Feldsalat

2 Portionen

- **180 g Feldsalat**
- **3 EL Balsamico bianco**
- **2 EL Walnussöl**
- **180 g Möhre**
- **150 g Apfel**
- **450 g Knollensellerie** (geputzt gewogen 400 g)
- **2 Eier**
- **40 g Sesamsaat**
- **2 EL Sesamöl**
- **Salz & Pfeffer**

1. Den Feldsalat verlesen, gründlich waschen und trocken schleudern. Für das Salatdressing den Essig mit Salz, Pfeffer und schließlich dem Walnussöl gut verrühren. Die Möhre putzen, waschen und grob raspeln. Den Apfel waschen, das Kerngehäuse herausschneiden. Den Apfel in schmale Spalten schneiden. Die Apfelspalten mit Feldsalat, Möhrenraspel und dem Salatdressing gut mischen. Zugedeckt kühl stellen.

2. Den Sellerie schälen, waschen und in 1 cm dicke Scheiben schneiden. In 300 ml Salzwasser etwa 5 Minuten sprudelnd kochen lassen. Die Scheiben sollten noch Biss haben. Die Sellerieschieben in ein Sieb abgießen, kalt abbrausen und gut abtropfen lassen.

3. Inzwischen die Eier in einem tiefen Teller gut mit Salz und Pfeffer verquirlen. Die Sesamsaat auf einem flachen Teller mit etwas Salz mischen. Die Sellerieschieben erst im Ei, dann im Sesam wenden, bis sie rundum mit Sesam bedeckt sind. In einer großen beschichteten Pfanne das Sesamöl erhitzen. Den panierten Sellerie darin bei schwacher Hitze von beiden Seiten je 2–3 Minuten garen. In derselben Pfanne anschließend 1 Omelett aus dem Rest des verquirlten Eies ausbacken.

4. Den Salat auf zwei Teller verteilen. Das Omelett in feine Streifen schneiden. Die Sellerieschnitzel auf dem Salat anrichten und mit den Omelettstreifen garnieren.

1 Portion (440 g): ca. 505 kcal, 18 g Eiweiß (14 E%), 41 g, Fett (73 E%), 17 g Kohlenhydrate (13 E%).

Dieses Gericht liefert 114 kcal pro 100 g.

Chicorée-Grapefruit-Salat

2 Portionen

- 450 g Chicorée
- 2–3 Grapefruits
- 1 EL Olivenöl
- 1 EL Agavendicksaft
- 60 g entsteinte grüne Oliven
- 1 reife Avocado (ca. 200 g)
- 40 g Haselnusskerne
- Salz & Pfeffer

1. Jeweils den Strunk aus den Chicoréestauden herausschneiden. Die Blätter lösen, waschen und trocken schütteln. Vom breiten Ende her längs in Steifen schneiden. Die Grapefruits inklusive der weißen Haut schälen. Etwa 260 g Grapefruitfilets zwischen den Trennhäutchen herausschneiden. Dabei mit einem scharfen Messer und über einer Schüssel arbeiten, um den Saft aufzufangen. Die Filets in mundgerechte Stücke schneiden. Für das Salatdressing den aufgefangenen Grapefruitsaft mit dem Agavendicksaft, Salz, Pfeffer und schließlich dem Öl gut verrühren.

2. Die Oliven in dünne Ringe schneiden. Die Avocado längs halbieren, die Hälften gegeneinanderdrehen und den Kern herauslösen. Das Fruchtfleisch mit einem Löffel aus der Schale lösen. Das Avocadofruchtfleisch in mundgerechte Würfel schneiden. Die Avocadowürfel mit den Chicoréestreifen, Grapefruitfilets, Olivenringen und dem Salatdressing – bis auf 2 EL – locker mischen.

3. Die Haselnüsse fein hacken. In einer beschichteten Pfanne ohne Fett rösten, bis sie duften. Den Salat auf zwei Tellern anrichten, mit je 1 EL Dressing beträufeln und mit den gerösteten Haselnüsse bestreuen.

Tipp: Wenn Sie anstelle des Olivenöls Haselnussöl verwenden, verstärkt dieses das nussige Aroma des Salats noch um eine feine Nuance.

1 Portion (440 g): ca. 445 kcal, 9 g Eiweiß (8 E%), 35 g Fett (69 E%), 26 g Kohlenhydrate (23 E%).

Dieses Gericht liefert 101 kcal pro 100 g.

SEITE 117

Cremige Krautsuppe

2 Portionen

- **30 g Sojaschnetzel**
- **2 TL gekörnte Gemüsebrühe** (Instantprodukt)
- **1 große Zwiebel** (ca. 150 g)
- **1 große rote Paprikaschote**
- **1 EL Rapsöl**
- **2 TL edelsüßes Paprikapulver**
- **120 g Sauerkraut**
- **200 ml Vollmilch** (3,8 % Fett)
- **80 g Frischkäse**
- **Salz & Pfeffer**

1. Die gekörnte Brühe mit 200 ml kochend heißem Wasser verrühren. Die Sojaschnetzel einrühren und rund 10 Minuten quellen lassen. Inzwischen die Zwiebel abziehen und fein würfeln. Die Paprikaschote waschen, putzen und in mundgerechte Rauten schneiden. Die Sojaschnetzel in ein Sieb abgießen und abtropfen lassen, die Gemüsebrühe dabei auffangen.

2. Das Öl in einem Suppentopf erhitzen. Die Zwiebel darin glasig dünsten. Die Sojaschnetzel 2 Minuten mitbraten, dabei gelegentlich wenden. Die Paprika zugeben und unter Rühren mitbraten. Mit Paprikapulver bestäuben und das Sauerkraut unterrühren. Mit der aufgefangenen Gemüsebrühe und 600 ml Wasser ablöschen. Bei schwacher Hitze und geschlossenem Deckel rund 30 Minuten leise köcheln lassen. Dabei gelegentlich umrühren.

3. Die Suppe pürieren. Den Frischkäse und die Milch zugeben und die Cremesuppe unter Rühren noch einmal kurz aufkochen lassen. Mit Salz und Pfeffer abschmecken.

Tipps: Den letzten Schritt der Zubereitung können Sie variieren. Statt die Suppe komplett zu pürieren, können Sie vorab 2–3 EL Gemüse abnehmen, den Rest pürieren, mit dem Frischkäse noch einmal kurz aufkochen lassen und auf zwei Teller verteilen. Jeweils die Hälfte des Gemüses hineingeben. Oder Sie pürieren die Suppe überhaupt nicht und servieren sie als cremigen Krauttopf.

1 Portion (520 g): ca. 360 kcal, 19 g Eiweiß (21 E%), 25 g Fett (59 E%), 17 g Kohlenhydrate (20 E%).

Dieses Gericht liefert 70 kcal pro 100 g.

Pastinakencremesuppe

2 Portionen

- **1 Möhre**
- **200 g Pastinaken**
- **1 kleine Zwiebel**
- **100 g geschälte, gegarte Maronen** (vakuumverpackt oder aus der Dose)
- **1 TL gekörnte Gemüsebrühe** (Instantprodukt)
- **1 EL Rapsöl**
- **1 TL Agavendicksaft**
- **200 ml Vollmilch** (3,8 % Fett)
- **50 g Sahne**
- **Salz & Pfeffer**

1. Die Möhre und die Pastinaken putzen, waschen und klein würfeln. Die Zwiebel abziehen und würfeln. Die Maronen in kleine Würfel schneiden. Die gekörnte Brühe mit 500 ml kochend heißem Wasser verrühren.

2. Das Öl in einem Suppentopf erhitzen. Die Möhre, die Pastinaken und die Zwiebel darin 2–3 Minuten braten. Dabei gelegentlich umrühren. Die Maronen zugeben. Unter Rühren den Agavendicksaft einfließen lassen. Sofort mit der Gemüsebrühe ablöschen. Bei schwacher Hitze und geschlossenem Deckel 10–12 Minuten leise köcheln lassen.

3. Die Milch und die Sahne zugeben. Die Suppe cremig pürieren und noch einmal kurz aufkochen lassen. Mit Salz und Pfeffer abschmecken.

Info: Pastinaken waren bis vor 300 Jahren ein wichtiges Grundnahrungsmittel in Deutschland. Doch die Kartoffeln stellten sie in den Schatten, sodass sie zwischenzeitlich in Vergessenheit gerieten.

Pastinaken ähneln Möhren bzw. Karotten nicht nur optisch. Sie können auch wie diese geputzt, zubereitet und verzehrt werden – roh, in Suppen, Saucen, Eintöpfen, Gemüsepfannen, geschmort, als Beilagengemüse, Püree und vieles mehr. Ihr Aroma erinnert an das der Petersilienwurzel, ist jedoch etwas milder. Sie sollten Pastinaken zeitnah nach dem Einkauf zubereiten, sonst entwickeln sie ein zunehmend bitteres Aroma.

1 Portion (430 g): ca. 320 kcal, 9 g Eiweiß (12 E%), 19 g Fett (51 E%), 30 g Kohlenhydrate (37 E%).

Dieses Gericht liefert 75 kcal pro 100 g.

Blumenkohlsuppe mit Nussplätzchen

2 Portionen

Für die Nussplätzchen:

- **2 kleine Eier** (S)
- **50 g gemahlene Mandeln**
- **40 g geriebener Parmesan**
- **15 g Haferkleie**
- **Salz & Pfeffer**

Für die Suppe:

- **850 g Blumenkohl** (geputzt gewogen ca. 600 g)
- **½ TL gekörnte Gemüsebrühe** (Instantprodukt)
- **150 ml Vollmilch** (3,8 % Fett)
- **40 g Sahne**

1. Den Backofen auf 180° (Umluft 160°) vorheizen. Ein Backblech mit Backpapier belegen. Für die Nussplätzchen die Eier mit den Schneebesen des Handrührgeräts schaumig schlagen. Die Mandeln, Parmesan und Haferkleie unterrühren. Mit Salz und Pfeffer abschmecken. Aus der Eiercreme mit angefeuchteten Händen vorsichtig walnussgroße Kugeln formen – die Masse dabei nicht zusammendrücken – und diese auf das Blech legen. Im Ofen (Mitte) 15–20 Minuten backen.

2. Inzwischen den Blumenkohl putzen, in Röschen teilen, waschen und in einem Sieb abtropfen lassen. In einem Suppentopf 300 ml Wasser zum Kochen bringen. Die gekörnte Brühe einrühren. Den Blumenkohl darin bei schwacher Hitze und geschlossenem Deckel rund 10 Minuten leise köcheln lassen.

3. Die Milch und die Sahne zugeben. Die Suppe cremig pürieren und noch einmal kurz aufkochen lassen. Mit Salz und Pfeffer abschmecken. Die Suppe auf zwei tiefe Teller verteilen und die Nussbällchen dazu servieren.

Hinweis: Gehen Sie beim Formen der Nusskugeln behutsam vor. Wird die Eiercreme dabei zu stark zusammengedrückt, gelingen die Nussplätzchen nicht luftig leicht, sondern backen zu festen, kompakten Bratlingen.

1 Portion (550 g): ca. 480 kcal, 28 g Eiweiß (24 E%), 35 g Fett (64 E%), 14 g Kohlenhydrate (12 E%).

Dieses Gericht liefert 87 kcal pro 100 g.

SEITE 121

Kürbissuppe

2 Portionen

- **1 Hokkaidokürbis** (ca. 800 g)
- **2 mittelgroße Zwiebeln** (ca. 200 g)
- **2 Knoblauchzehen**
- **½ TL gekörnte Gemüsebrühe** (Instantprodukt)
- **1 EL Rapsöl**
- **Currypulver**
- **200 ml Kokosmilch**
- **Salz & Pfeffer**

1. Den Hokkaidokürbis gut waschen, halbieren und die Kerne mithilfe eines Löffels entfernen. Das Kürbisfleisch inklusive der Schale in Würfel schneiden. Die Zwiebeln und den Knoblauch abziehen. Die Zwiebeln grob, den Knoblauch fein würfeln. Die gekörnte Brühe mit 600 ml kochend heißem Wasser verrühren.

2. Das Öl in einem Suppentopf erhitzen. Die Zwiebeln darin glasig dünsten. Den Knoblauch kurz mitbraten. Mit Currypulver – Menge nach Geschmack – bestäuben und kurz verrühren. Den Kürbis zugeben und unter Rühren rundum anbräunen. Mit der Gemüsebrühe ablöschen. Bei schwacher Hitze und geschlossenem Deckel 5–10 Minuten leise köcheln lassen, bis der Kürbis zerfällt. Dabei gelegentlich umrühren.

3. Die Kokosmilch und 100 ml Wasser zugeben. Die Suppe pürieren und noch einmal kurz aufkochen lassen. Mit Salz und Pfeffer abschmecken.

1 Portion (540 g): ca. 380 kcal, 8 g Eiweiß (9 E%), 29 g Fett (68 E%), 22 g Kohlenhydrate (23 E%).

Dieses Gericht liefert 70 kcal pro 100 g.

Selleriecreme

2 Portionen

- **1 Stange Bleichsellerie** (ca. 650 g)
- **1 kleine Zwiebel**
- **1 TL gekörnte Gemüsebrühe** (Instantprodukt)
- **1 TL Rapsöl**
- **60 g Sahne**
- **70 g Blauschimmelkäse**
- **Salz & Pfeffer**

1. Den Sellerie putzen, dabei 2 Blätter für die Dekoration beiseitelegen. Die Selleriestange gut waschen und in etwa 1 cm lange Stücke schneiden. Die Zwiebel abziehen und fein würfeln. Die gekörnte Brühe mit 500 ml kochend heißem Wasser verrühren.

2. Das Öl in einem Suppentopf erhitzen. Die Zwiebel darin glasig dünsten. Den Stangensellerie zugeben und unter Rühren kurz andünsten. Mit der Gemüsebrühe ablöschen. Bei schwacher Hitze und geschlossenem Deckel rund 15 Minuten leise köcheln lassen.

3. Die Sahne zugeben und die Suppe pürieren. 50 g zerkrümelten Blauschimmelkäse einrühren und die Suppe noch einmal kurz aufkochen lassen. Mit Salz und Pfeffer abschmecken. Die Suppe auf zwei Schalen verteilen. Mit je 10 g Blauschimmelkäse und 1 Sellerieblatt dekorieren.

1 Portion (490 g): ca. 300 kcal, 12 g Eiweiß (17 E%), 24 g Fett (71 E%), 11 g Kohlenhydrate (12 E%).

Dieses Gericht liefert 62 kcal pro 100 g.

Würzige Käsecremesuppe

2 Portionen

- **800 g Lauch**
- **1 gelbe Paprikaschote**
- **1 TL gekörnte Gemüsebrühe** (Instantprodukt)
- **1 EL Rapsöl**
- **200 g Raclettekäse**
- **100 ml Vollmilch** (3,8 % Fett)
- **1 TL Johannisbrotkernmehl**
- **Salz & Pfeffer**

1. Den Lauch putzen, längs halbieren, gut waschen und abtropfen lassen. Die weißen und hellgrünen Teile in etwa 2 cm lange Stücke schneiden. Die Paprikaschote waschen, putzen und in mundgerechte Rauten schneiden. Die gekörnte Brühe mit 500 ml kochend heißem Wasser verrühren.

2. Das Öl in einem Suppentopf erhitzen. Den Lauch darin unter Rühren bräunen. Die Paprika zugeben und ebenfalls unter Rühren bräunen. Mit der Gemüsebrühe ablöschen. Bei mittlerer Hitze und geschlossenem Deckel 8–10 Minuten köcheln lassen. Dabei gelegentlich umrühren.

3. Inzwischen den Raclettekäse entrinden und in kleine Würfel schneiden. Die Milch in einem Topf langsam erhitzen. Das Johannisbrotkernmehl gut mit 100 ml Wasser verquirlen, sodass keine Klümpchen entstehen. Unter Rühren in die heiße Milch geben. Die Sauce unter Rühren leise köchelnd eindicken lassen. Die Hälfte des Käses unter Rühren darin schmelzen lassen.

4. Die Lauchsuppe von der heißen Herdplatte nehmen und pürieren. Die Käsesauce unterrühren. Den restlichen Käse zugeben und unter Rühren schmelzen lassen. Mit Salz und Pfeffer abschmecken.

1 Portion (540 g): ca. 480 kcal, 31 g Eiweiß (26 E%), 32 g Fett (60 E%), 17 g Kohlenhydrate (14 E%).

Dieses Gericht liefert 88 kcal pro 100 g.

Weiße-Bohnen-Suppe mit Tomaten

2 Portionen

- 80 g kleine getrocknete weiße Bohnen
- 500 g Tomaten
- 1 kleine Zwiebel
- 1 TL Olivenöl
- 2 Zweige Rosmarin
- 2 Zweige Thymian
- 500 ml Tomatensaft
- 40 g Ziegenfrischkäse
- Salz & Pfeffer

1. Die Bohnen 12 Stunden in kaltem Wasser einweichen.

2. Am Zubereitungstag das Einweichwasser abgießen. Die Bohnen in einem Sieb gut abbrausen. Mit frischem, kaltem Wasser in einem großen Topf zum Kochen bringen. Nach Packungsangaben weich kochen.

3. Inzwischen die Tomaten kreuzweise einschneiden und in einer Schüssel mit 1 Liter kochend heißem Wasser übergießen. Je nach Reifegrad nach 5–10 Sekunden mit einem Löffel herausheben und die Tomaten abtropfen lassen. Die Schalen abziehen. Die Stielansätze herausschneiden und die Tomaten in Würfel schneiden. Die Zwiebel abziehen und fein würfeln.

4. Das Öl in einem Suppentopf erhitzen. Die Zwiebel darin glasig dünsten. Die Rosmarin- und Thymianzweige hineinlegen und kurz anbraten. Die Tomaten unter Rühren 1 Minute mitbraten. Mit dem Tomatensaft ablöschen. Die Suppe bei schwacher Hitze und geschlossenem Deckel etwa 30 Minuten leise köcheln lassen. Dabei zwei- bis dreimal umrühren.

5. Abschließend die Kräuterzweige aus der Suppe fischen und die Suppe pürieren. Die gegarten Bohnen in ein Sieb abgießen und abtropfen lassen. Zusammen mit dem Ziegenfrischkäse unter die Suppe ziehen. Unter Rühren noch einmal kurz aufkochen lassen.

Tipps: Je reifer die Tomaten sind, desto kürzer müssen sie im heißen Wasser liegen, damit die Schale sich leichter abziehen lässt.

Stimmen Sie die Zubereitung der Tomatensuppe auf die Garzeit der Bohnen ab. Sollte die Suppe fertig sein, bevor die Bohnen gar sind, können Sie sie problemlos im Topf auf der abgeschalteten Herdplatte warm halten.

1 Portion (490 g): ca. 235 kcal, 16 g Eiweiß (26 E%), 6 g Fett (24 E%), 29 g Kohlenhydrate (49 E%).

Dieses Gericht liefert 48 kcal pro 100 g.

Mediterrane Gemüsesuppe

2 Portionen

- 350 g Fenchel
- 250 g Zucchini
- 40 g getrocknete Tomaten
- 2 mittelgroße Zwiebeln (ca. 200 g)
- 1 Knoblauchzehe
- 2 TL gekörnte Gemüsebrühe (Instantprodukt)
- 1 EL Rapsöl
- 1 Zweig Rosmarin
- 2 Zweige Oregano
- 60 g geriebener Parmesan
- Salz & Pfeffer

1. Den Fenchel putzen und waschen. Den Strunk herausschneiden und die Knolle längs vierteln. Die Zucchini waschen, putzen und längs halbieren. Quer in dünne Scheiben schneiden. Die getrockneten Tomaten in Streifen schneiden. Die Zwiebeln und den Knoblauch abziehen. Jeweils in feine Würfelchen schneiden. Die gekörnte Brühe mit 700 ml kochend heißem Wasser verrühren.

2. Das Öl in einem Suppentopf erhitzen. Die Zwiebeln und den Knoblauch darin glasig dünsten. Rosmarin und Oregano unter Rühren kurz mitrösten. Schließlich den Fenchel und die Zucchini zugeben und unter Rühren anbraten. Mit der Gemüsebrühe ablöschen. Die getrockneten Tomaten unterrühren. Die Suppe bei schwacher Hitze und geschlossenem Deckel rund 45 Minuten siedend garen. Dabei gelegentlich umrühren.

3. Mit Salz und Pfeffer abschmecken und mit Parmesan bestreut sofort servieren.

1 Portion (600 g): ca. 300 kcal, 18 g Eiweiß (25 E%), 18 g Fett (52 E%), 18 g Kohlenhydrate (23 E%).

Dieses Gericht liefert 50 kcal pro 100 g.

Steckrübeneintopf mit Rosenkohl

2 Portionen

- **1 kleine Stange Lauch** (ca. 200 g)
- **1 mittelgroße Steckrübe** (ca. 550 g)
- **2 TL gekörnte Gemüsebrühe** (Instantprodukt)
- **2 EL Rapsöl**
- **200 g Rosenkohl**
- **Muskatnuss**
- **Salz & Pfeffer**

1. Den Lauch putzen und waschen. Die Stange längs halbieren und den weißen und hellgrünen Teil in dünne Ringe schneiden. Die Steckrübe schälen und in kleine Würfel schneiden. Die gekörnte Brühe mit 700 ml kochend heißem Wasser verrühren.

2. Das Öl in einem Suppentopf erhitzen. Den Lauch darin anbraten. Die Steckrüben zugeben und unter Rühren rundum bräunen. Mit 500 ml der Gemüsebrühe ablöschen. Gut verrühren und das Gemüse bei schwacher Hitze und geschlossenem Deckel 10–15 Minuten leise köcheln lassen. Dabei gelegentlich umrühren.

3. Inzwischen den Rosenkohl gut waschen, die äußeren Blätter und die Stängelansätze entfernen und die Kohlköpfchen halbieren. Nach 10–15 Minuten Garzeit zum Lauchgemüse geben. Den Eintopf weitere 30 Minuten bei schwacher Hitze und geschlossenem Deckel leise köcheln lassen. Dabei ein- bis zweimal umrühren.

4. Den Steckrübeneintopf mit Salz, Pfeffer und Muskatnuss abschmecken.

Info: Steckrüben erhalten durch den Garprozess eine ähnlich sämige Konsistenz wie Kartoffeln, liefern aber nur etwa ein Drittel der Kohlenhydrate einer vergleichbaren Menge Kartoffeln.

1 Portion (530 g): ca. 230 kcal, 10 g Eiweiß (18 E%), 13 g Fett, (50 E%), 18 g Kohlenhydrate (32 E%).

Dieses Gericht liefert 43 kcal pro 100 g.

Linseneintopf mit Räuchertofu

2 Portionen

- **140 g Möhre**
- **50 g Lauch** (geputzt gewogen)
- **150 g Sellerie** (geputzt gewogen)
- **100 g braune Linsen**
- **1 TL Rapsöl**
- **2 TL gekörnte Gemüsebrühe** (Instantprodukt)
- **200 g Räuchertofu**
- **Salz & Pfeffer**

1. Die Möhre putzen, waschen und fein würfeln. Das Stück Lauch längs halbieren und in dünne Ringe schneiden. Den geputzten Sellerie ebenfalls fein würfeln. Das Öl in einem Suppentopf erhitzen. Den Lauch darin unter Rühren andünsten. Den Sellerie zugeben und 1 Minute pfannenrühren. Die Linsen und die Möhre unter Rühren zugeben. Ebenfalls unter Rühren mit 700 ml heißem Wasser ablöschen. Die Linsen so lange bei schwacher Hitze und geschlossenem Deckel garen, bis sie weich sind (siehe Info). Dabei gelegentlich umrühren.

2. Gegen Ende der Garzeit die gekörnte Brühe mit 100 ml heißem Wasser verrühren und gut unterrühren. Den Räuchertofu in kleine Würfel schneiden. Den Eintopf mit Salz und Pfeffer abschmecken. Den Tofu unterrühren und den Eintopf noch einmal kurz aufkochen lassen.

Info: Die Garzeit der Linsen differiert von Sorte zu Sorte teilweise erheblich. Besonders schnell garen Pardina-Linsen (etwa 30 Minuten), die meisten anderen braunen Linsen benötigen 60–100 Minuten Garzeit. Werden die Linsen zuvor über Nacht eingeweicht, verkürzt sich ihre Garzeit in der Regel. Beachten Sie die jeweiligen Packungsangaben!

1 Portion (510 g): ca. 365 kcal, 34 g Eiweiß (38 E%), 11 g Fett (26 E%), 32 g Kohlenhydrate (36 E%).

Dieses Gericht liefert 71 kcal pro 100 g.

SEITE 131

Überbackene Möhrennester

2 Portionen

Für die Sojabolognesesauce:

- **½ TL gekörnte Gemüsebrühe** (Instantprodukt)
- **40 g Sojaschnetzel** (klein)
- **1 kleine Zwiebel**
- **1 TL Olivenöl**
- **1–2 Zweige Rosmarin**
- **1–2 Zweige Thymian**
- **400 g stückige Tomaten** (aus der Dose)
- **100 ml Tomatensaft**

Für die Möhrennester:

- **750 g Möhren**
- **1 TL Olivenöl**
- **80 g geriebener Parmesan**
- **Salz & Pfeffer**
- **etwas Butter zum Einfetten**

1. Für die Sojabolognese die gekörnte Brühe mit 100 ml heißem Wasser verrühren. Die Sojaschnetzel darin gut 10 Minuten einweichen. Die Zwiebel abziehen und fein würfeln. Rosmarinnadeln und Thymianblättchen von den Zweigen streifen bzw. zupfen. Die Sojaschnetzel in ein Sieb abgießen, die Gemüsebrühe dabei auffangen.

2. Das Öl in einer mittelgroßen Pfanne erhitzen. Die Zwiebel darin glasig dünsten. Rosmarin, Thymian und Sojaschnetzel zugeben und unter Rühren kurz anbraten. Mit der Gemüsebrühe ablöschen. Tomaten und Tomatensaft unterrühren. Bei schwacher Hitze und geschlossenem Deckel etwa 40 Minuten leise köcheln lassen. Dabei gelegentlich umrühren.

3. Nach etwa 30 Minuten Garzeit den Backofen auf 180° (Umluft 160°) vorheizen. Die Möhren putzen und waschen. Mit einem scharfen Messer in lange dünne – Linguine ähnliche – Streifen schneiden. Die Möhrenstreifen in eine Schüssel geben, salzen und gut vermengen. Das Öl und 40 g Parmesan untermischen. Ein Backblech mit etwas Butter dünn einfetten. Den Möhren-Käse-Mix in Form von 6 »Nestern« auf das Blech setzen.

4. Die Sojabolognese mit Salz und Pfeffer abschmecken. Gleichmäßig in die Nester verteilen. Mit dem übrigen Parmesan bestreuen. Im Ofen (Mitte) etwa 25 Minuten backen.

1 Portion (400 g): ca. 395 kcal, 28 g Eiweiß (28 E%), 24 g Fett (54 E%), 17 g Kohlenhydrate (18 E%).

Dieses Gericht liefert 99 kcal pro 100 g.

SEITE 133

Sellerielasagne

2 Portionen

Für die Sojabolognesesauce:

- **½ TL gekörnte Gemüsebrühe** (Instantprodukt)
- **40 g Sojaschnetzel** (klein)
- **1 kleine Zwiebel**
- **1 TL Olivenöl**
- **1–2 Zweige Rosmarin**
- **1–2 Zweige Thymian**
- **400 g stückige Tomaten** (aus der Dose)
- **100 ml Tomatensaft**

Für die Lasagne:

- **350 g Knollensellerie**
- **100 g Emmentaler**
- **1 TL Johannisbrotkernmehl**
- **20 g Butter + etwas Butter zum Einfetten**
- **Muskatnuss**
- **300 ml Vollmilch** (3,8 % Fett)
- **Salz & Pfeffer**

1. Für die Sojabolognese die gekörnte Brühe mit 100 ml heißem Wasser verrühren. Die Sojaschnetzel darin gut 10 Minuten einweichen. Die Zwiebel abziehen und fein würfeln. Rosmarinnadeln und Thymianblättchen von den Zweigen streifen bzw. zupfen. Die Sojaschnetzel in ein Sieb abgießen, die Gemüsebrühe dabei auffangen.

2. Das Öl in einer mittelgroßen Pfanne erhitzen. Die Zwiebel darin glasig dünsten. Rosmarin, Thymian und Sojaschnetzel zugeben und unter Rühren kurz anbraten. Mit der Gemüsebrühe ablöschen. Tomaten und Tomatensaft unterrühren. Bei schwacher Hitze und geschlossenem Deckel etwa 40 Minuten leise köcheln lassen. Dabei gelegentlich umrühren.

3. Inzwischen den Sellerie schälen und waschen. Mit einem scharfen Messer in dünne Scheiben schneiden. In 200 ml sprudelnd kochendem Salzwasser etwa 3 Minuten blanchieren. Er sollte weich, aber noch bissfest sein. In ein Sieb abgießen und gut abtropfen lassen. Den Emmentaler fein reiben.

4. Für die Béchamelsauce 1 gehäuften TL Johannisbrotkernmehl in einer Tasse klümpchenfrei mit 5–6 EL Wasser verrühren. Die Butter in einem kleinen Topf schmelzen lassen. Das angerührte Johannisbrotkernmehl einrühren – am besten mit einem Schneebesen. Nach und nach die Milch unterrühren. Die Sauce bei schwacher Hitze etwa 8–10 Minuten einkochen lassen. Dabei gelegentlich umrühren. Mit Salz, Pfeffer und 1–2 Msp. Muskatnuss abschmecken.

5. Den Backofen auf 180° (Umluft 160°) vorheizen. Die Sojabolognese mit Salz und Pfeffer abschmecken. Eine hohe Auflaufform (ca. 30 cm lang) mit etwas Butter dünn einfetten. Darin abwechselnd so lange immer wieder etwas Béchamelsauce, Sellerie, Bolognesesauce und wenig Emmentaler schichten, bis alle Zutaten aufgebraucht sind. Die Lasagne abschließend mit Emmentaler bestreuen. Im Ofen (Mitte) etwa 40 Minuten backen.

1 Portion (450 g): 545 kcal, 34 g Eiweiß (25 E%), 36 g Fett (59 E%), 24 g Kohlenhydrate (16 E%).

Dieses Gericht liefert 121 kcal pro 100 g.

Blumenkohl mit Tofucurry

2 Portionen

- **850 g Blumenkohl** (geputzt gewogen 600 g)
- **1 Bund Frühlingszwiebeln**
- **300 g Cocktailtomaten**
- **2 Knoblauchzehen**
- **40 g Ingwer**
- **200 g Tofu natur**
- **1 EL Sesamöl**
- **½ TL indisches Currypulver**
- **140 ml Kokosmilch**
- **Salz & Pfeffer**

1. Den Blumenkohl putzen, waschen und in Röschen teilen. Die Frühlingszwiebeln putzen und waschen. Die weißen und hellgrünen Teile in feine Ringe schneiden. Die Cocktailtomaten waschen und vierteln. Den Knoblauch abziehen und die Zehen vierteln. Den Ingwer schälen und in dicke Scheiben schneiden. Den Tofu in mundgerechte Würfel schneiden. Blumenkohl, Ingwer, Knoblauch und 300 ml Wasser in einen Topf geben. Zum Kochen bringen und bei mittlerer Hitze 5–6 Minuten garen – der Blumenkohl sollte noch leicht bissfest sein.

2. Inzwischen das Öl in einer großen beschichteten Pfanne erhitzen. Den Tofu und die Frühlingszwiebeln darin pfannenrühren, bis der Tofu eine leichte Färbung annimmt. Die Tomaten zugeben und 1–2 Minuten mitbraten. Das Currypulver darüberstäuben, die Kokosmilch unterrühren. Die Herdplatte abstellen. Das Curry noch auf der heißen Platte stehen lassen.

3. Den Blumenkohl in ein Sieb abgießen und abtropfen lassen, den Sud dabei auffangen. 4–5 EL Blumenkohlsud ins Tofucurry rühren. Mit Salz und Pfeffer abschmecken. Den Ingwer herausfischen und die Blumenkohlröschen auf zwei tiefe Teller verteilen. Das Tofucurry dazu servieren.

Info: Currypulver enthält verschiedene Gewürze wie Kurkuma, Zimt, Ingwer, Kardamom, Nelken und je nach Mischung noch weitere, zum Beispiel Knoblauch oder Chilischoten bzw. Pfefferkörner, was dem Pulver mehr Schärfe verleiht. Es werden unzählige Sorten verschiedener Currypulver angeboten. Selbst »Indisches Currypulver« unterscheidet sich aromatisch von Hersteller zu Hersteller. In Indien mischen sich die meisten Haushalte ihre ganz eigene Mischung.

1 Portion (460 g): ca. 445 kcal, 24 g Eiweiß (22 E%), 30 g Fett (60 E%), 20 g Kohlenhydrate (18 E%).

Dieses Gericht liefert 97 kcal pro 100 g.

Gefüllte Aubergine

2 Portionen

- **½ TL gekörnte Gemüsebrühe** (Instantprodukt)
- **40 g Sojaschnetzel** (klein)
- **1 kleine Zwiebel**
- **1 TL Olivenöl**
- **1–2 Zweige Rosmarin**
- **1–2 Zweige Thymian**
- **400 g stückige Tomaten** (aus der Dose)
- **200 ml Tomatensaft**
- **2 kleine Auberginen** (je ca. 160 g)
- **1 Kugel Mozzarella** (125 g)
- **Salz & Pfeffer**

1. Für die Sojabolognese die gekörnte Brühe mit 100 ml heißem Wasser verrühren. Die Sojaschnetzel darin gut 10 Minuten einweichen. Die Zwiebel abziehen und fein würfeln. Rosmarinnadeln und Thymianblättchen von den Zweigen streifen bzw. zupfen. Die Sojaschnetzel in ein Sieb abgießen, die Gemüsebrühe dabei auffangen.

2. Das Öl in einer mittelgroßen Pfanne erhitzen. Die Zwiebel darin glasig dünsten. Rosmarin, Thymian und Sojaschnetzel zugeben und unter Rühren kurz anbraten. Mit der Gemüsebrühe ablöschen. Tomaten und 100 ml Tomatensaft unterrühren. Bei schwacher Hitze und geschlossenem Deckel etwa 30 Minuten leise köcheln lassen. Dabei gelegentlich umrühren.

3. Nach 30 Minuten Garzeit der Bolognese die Auberginen waschen, trocken tupfen und den Stielansatz wegschneiden. Längs halbieren und mit einem Löffel aushöhlen, dabei einen etwa 1 cm dicken Rand stehen lassen. Das Fruchtfleisch in kleine Würfel schneiden und zur Bolognese geben. Bei schwacher Hitze und geschlossenem Deckel weitere 10 Minuten köcheln lassen. Dabei gelegentlich umrühren. Zum Ende der Kochzeit noch einmal 100 ml Tomatensaft zugeben. Parallel dazu die Auberginenhälften in 200 ml Salzwasser bei schwacher Hitze und geschlossenem Deckel ebenfalls 10 Minuten garen.

4. Inzwischen den Backofen auf 180° (Umluft 160°) vorheizen. Den Mozzarella abtropfen lassen und in dünne Scheiben schneiden. Die Bolognesesauce mit Salz und Pfeffer abschmecken. 8 EL davon am Boden einer ungefetteten Auflaufform verstreichen. Die Auberginenhälften hineinsetzen und jeweils mit der Hälfte der übrigen Bolognesesauce füllen. Jeweils mit Mozzarella belegen. Im Ofen (Mitte) etwa 30 Minuten backen.

1 Portion (480 g): ca. 345 kcal, 28 g Eiweiß (33 E%), 18 g Fett (46 E%), 19 g Kohlenhydrate (21 E%).

Dieses Gericht liefert 72 kcal pro 100 g.

Vegetarische Tajine

2 Portionen

- **½ TL gekörnte Gemüsebrühe** (Instantprodukt)
- **40 g Sojaschnetzel** (klein)
- **½ TL getrocknete Koriandersamen**
- **½ TL Kreuzkümmel**
- **1 kleine Chilischote**
- **1 mittelgroße Zwiebel** (100 g)
- **1 EL Sesamöl**
- **1 TL Paprikapulver**
- **600 g stückige Tomaten** (aus der Dose)
- **200 ml Tomatensaft**
- **2 Zimtstangen**
- **20 g Korinthen oder Sultaninen**
- **160 g Kichererbsen** (Abtropfgewicht, aus der Dose)
- **Salz & Pfeffer**

1. Die gekörnte Brühe mit 200 ml heißem Wasser verrühren. Die Sojaschnetzel darin 10 Minuten einweichen. Inzwischen Koriandersamen und Kreuzkümmel im Mörser zerstoßen. Die Chilischote waschen, längs aufschlitzen, die Kerne entfernen und die Schote in feine Ringe schneiden (mit Handschuhen arbeiten!). Die Zwiebel abziehen und fein würfeln. Die Sojaschnetzel in ein Sieb abgießen, die Gemüsebrühe auffangen.

2. Das Öl in einem Topf erhitzen. Die Zwiebel darin glasig dünsten. Koriander, Kreuzkümmel, Chili, Paprikapulver und die Sojaschnetzel zugeben und unter Rühren rundum anbraten. Mit der aufgefangenen Gemüsebrühe ablöschen. Die Tomaten, den Tomatensaft, die Zimtstangen und die Korinthen zugeben. Die Tajine bei schwacher Hitze und geschlossenem Deckel 40 Minuten schmoren lassen.

3. Die Zimtstangen herausnehmen, die Kichererbsen zugeben und das Schmorgericht weitere 15 Minuten bei schwacher Hitze und geschlossenem Deckel schmoren lassen. Mit Salz und Pfeffer abschmecken.

Tipp: Korinthen sind im Vergleich zu Sultaninen etwas kleiner und deswegen verbreitet sich ihr süßes Aroma in der Tajine noch gleichmäßiger als bei Verwendung von Sultaninen.

Info: Tajine ist die Bezeichnung für einen in der nordafrikanischen Küche gebräuchlichen Schmortopf. Aber auch das (darin zubereitete) Schmorgericht an sich wird als Tajine bezeichnet.

1 Portion (450 g): ca. 315 kcal, 19 g Eiweiß (25 E%), 11 g Fett (30 E%), 35 g Kohlenhydrate (45 E%).

Dieses Gericht liefert 70 kcal pro 100 g.

SEITE 139

Tofubällchen auf Rahmchampignons

2 Portionen

Für die Tofubällchen:
- 200 g Räuchertofu
- 20 g Petersilie
- 1 Ei
- 2 EL Sojamehl
- 1 EL Sojasauce
- Dämpfeinsatz

Für die Rahmchampignons:
- 800 g Champignons
- 1 mittelgroße Zwiebel (ca. 100 g)
- 1 EL Rapsöl
- 2 EL Sojamehl
- 120 ml Vollmilch (3,8 % Fett)
- 40 g Schmand (24–30 % Fett)
- 2 EL Sojasauce

1. Für die Tofubällchen den Räuchertofu so fein wie möglich zerkrümeln, eventuell mit dem Pürierstab. Die Petersilie waschen, trocken schütteln und klein hacken. In einem Topf mit Dämpfeinsatz – diesen aber noch nicht einhängen – 500 ml Wasser zum Kochen bringen. Den Tofu mit Ei, Petersilie und Sojamehl verrühren. Mit der Sojasauce abschmecken. Die Tofumasse mit den Händen gut durchkneten. Mit angefeuchteten Händen zu 6–8 tischtennisballgroßen Kugeln formen. Diese in den Dämpfeinsatz des Kochtopfs legen. Den Dämpfeinsatz in den Topf mit kochendem Wasser hängen. Die Hitzezufuhr reduzieren und die Tofubällchen bei geschlossenem Deckel 15 Minuten im Wasserdampf garen.

2. Inzwischen die Champignons trocken abreiben. Die unteren Stielenden abschneiden und die Champignons blättrig schneiden. Die Zwiebel abziehen und fein würfeln. Das Öl in einer großen beschichteten Pfanne erhitzen. Die Zwiebel darin glasig dünsten. Die Champignons zugeben und unter Rühren in 3–5 Minuten garen. Mit Sojamehl überstäuben und dieses unterrühren. Milch und Schmand ebenfalls unterrühren. Mit Sojasauce abschmecken. Falls die Sauce zu dickflüssig ist, bis zu 4 EL Wasser einrühren. Die Rahmchampignons auf zwei Tellern mit den Tofubällchen anrichten.

Tipps: Alternativ zu den Champignons können Sie das Ragout auch mit Pfifferlingen oder Austernpilzen zubereiten.

Wenn Sie nicht über einen Topf mit Dämpfeinsatz verfügen, können Sie ein Sieb über das kochende Wasser hängen.

1 Portion (455 g): ca. 470 kcal, 41 g Eiweiß (36 E%), 28 g Fett (53 E%), 13 g Kohlenhydrate (11 E%).

Dieses Gericht liefert 103 kcal pro 100 g.

SEITE 141

Zitronentofu auf Minzgemüse

2 Portionen

- **200 g Tofu natur**
- **3–4 Zitronen**
- **500 g grüner Spargel**
- **220 g grüne Brechbohnen** (frisch oder TK)
- **200 g Zuckerschoten**
- **6–8 Stängel frische Minze**
- **½ TL gekörnte Gemüsebrühe** (Instantprodukt)
- **30 g Butter**
- **10 g Sojamehl**
- **1 EL Rapsöl**
- **Salz & Pfeffer**

Am Vortag: Den Tofu einmal horizontal halbieren, sodass Sie zwei Rechtecke gleicher Größe wie das Ausgangsstück, aber halber Dicke erhalten. Die beiden Stücke dann je einmal quer halbieren. Die Zitronen auspressen. Die 4 Tofustücke mehrere Stunden darin marinieren – idealerweise über Nacht.

1. Den Spargel waschen und im unteren Drittel dünn schälen. Die holzigen Enden abschneiden. Die Spargelstangen schräg in 2 cm lange Stücke schneiden. Die Bohnen waschen, putzen und quer halbieren. Die Zuckerschoten waschen und quer halbieren. Die Minze waschen, trocken schütteln und die Blättchen vom Stängel zupfen. Anschließend fein hacken. Die Tofustückchen salzen, pfeffern und im Sojamehl wenden – überschüssiges Mehl behutsam abklopfen.

2. 150 ml Wasser in einem Topf zum Kochen bringen. Die gekörnte Brühe einrühren. Die Bohnen darin 5 Minuten sprudelnd kochen lassen.

3. Sobald die Bohnen kochen, das Öl in einer beschichteten Pfanne erhitzen. Den Tofu darin bei mittlerer Hitze von beiden Seiten goldgelb ausbacken.

4. Nach 5 Minuten den Spargel zu den Bohnen geben und 3 Minuten mitkochen. Schließlich die Zuckerschoten zugeben und das Gemüse weitere 2–3 Minuten garen. Den Topf mit dem Gemüse von der heißen Platte nehmen. Die Butter und die Minze unterrühren. Mit Salz und Pfeffer abschmecken. Das Gemüse auf zwei Tellern mit dem Tofu obenauf anrichten.

1 Portion (475 g): ca. 425 kcal, 26 g Eiweiß (25 E%), 28 g Fett (57 E%), 19 g Kohlenhydrate (18 E%).

Dieses Gericht liefert 90 kcal pro 100 g.

SEITE 143

Mangoldrouladen

2 Portionen

- **1 große Zwiebel** (ca. 150 g)
- **3 TL Sesamöl**
- **200 g Räuchertofu**
- **40 g gemahlene Mandeln**
- **20 g Haferkleie**
- **2 Eier**
- **Sojasauce & Pfeffer**
- **700–800 g Mangold** (großblättrig)
- **6–10 Schaschlikspieße**

1. Die Zwiebel abziehen und fein würfeln. 1 TL Sesamöl in einer kleinen Pfanne erhitzen. Die Zwiebel darin glasig dünsten. Anschließend abkühlen lassen. Den Räuchertofu pürieren. In einer Schüssel mit Mandeln, Haferkleie, Eiern und der Zwiebel gut verrühren. Mit Sojasauce und Pfeffer abschmecken.

2. 6–10 große Mangoldblätter waschen und deren Stängel inklusive der dicken Mittelrippe v-förmig wegschneiden, beiseitelegen. Den restlichen Mangold waschen, die Stängelenden wegschneiden. Die Blätter und Stängel (etwa 500 g) in Streifen schneiden. Die vorbereiteten großen Mangoldblätter in einem großen Topf mit kochendem Salzwasser 1–2 Minuten blanchieren. Anschließend in eiskaltem Wasser abschrecken, abtropfen lassen und ggf. trocken tupfen.

3. Die Mangoldblätter nebeneinander auslegen und jeweils mit der gleichen Menge Tofumischung bestreichen. Dabei rundherum einen Rand von 1 cm unbestrichen lassen. Diesen Blattrand links und rechts über die Mischung klappen und den Mangold von vorn nach hinten behutsam aufrollen. Die Rouladen jeweils mit 1 Schaschlikspieß fixieren. Den Backofen auf 100° vorheizen.

4. 2 TL Sesamöl in einer großen beschichteten Pfanne erhitzen. Die Rouladen darin von allen vier Seiten je 3 Minuten bei mittlerer Hitze anbraten. Dicht an dicht in eine Auflaufform legen und im Ofen warm halten. Die Mangoldstreifen im Bratfett mit bis zu 60 ml Wasser und 1–3 EL Sojasauce bei mittlerer Hitze 8–10 Minuten garen. Den Mangold auf zwei Teller verteilen und die Rouladen darauf anrichten.

1 Portion (470 g): ca. 590 kcal, 40 g Eiweiß (28 E%), 38 g Fett (57 E%), 21 g Kohlenhydrate (15 E%).

Dieses Gericht liefert 125 kcal pro 100 g.

Tofusaté auf Erdnusscurry

2 Portionen

- 200 g Räuchertofu
- 1 TL Sojasauce
- 400 g Möhren
- 200 g Zuckerschoten
- ½ Stängel Zitronengras (ersatzweise abgeriebene Schale von 1 unbehandelten Limette)
- ½ TL gekörnte Gemüsebrühe (Instantprodukt)
- 1 EL Sesamöl
- ½ TL rote Currypaste
- 100 ml Kokosmilch
- 30 g Erdnussmus
- Salz
- 6–8 Schaschlikspieße

1. Den Räuchertofu in mundgerechte Würfel schneiden. Mit der Sojasauce gut mischen und 10 Minuten marinieren. Inzwischen die Möhren putzen, waschen und in schmale Stifte schneiden. Die Zuckerschoten waschen und halbieren. Die äußeren Blätter des Zitronengrases entfernen, dessen unteren Teil leicht flach klopfen und in breite Scheiben schneiden.

2. Die gekörnte Brühe in einem Topf mit 300 ml heißem Wasser verrühren. Das Zitronengras und die Möhren darin aufkochen lassen und bei mittlerer Hitze und geschlossenem Deckel in 5–8 Minuten bissfest garen.

3. Inzwischen den Backofen auf 100° vorheizen. Die Tofuwürfel gleichmäßig verteilt auf die Schaschlikspieße stecken. Das Öl in einer großen beschichteten Pfanne erhitzen. Die Tofuspieße darin in insgesamt 6–7 Minuten bei mittlerer Hitze von allen vier Seiten braten. In eine feuerfeste Form geben und im abgeschalteten Ofen warm halten.

4. Die Möhren in ein Sieb abgießen und abtropfen lassen, den Sud dabei auffangen. Das Zitronengras entfernen. Im Bratfett der Sojaspießchen die Currypaste mit Kokosmilch, Erdnussmus und 100–150 ml Möhrensud verrühren. Unter Rühren zu einer cremigen Sauce einkochen lassen.

5. Die Hitze reduzieren, die Zuckerschoten unterrühren und 2–3 Minuten leise köcheln lassen. Dann die Möhrenstifte zugeben und weitere 2 Minuten garen. Das Gemüse mit Salz abschmecken. Mit einem Schaumlöffel aus der Sauce heben und auf zwei Tellern anrichten. Die Spieße obenauf legen und mit der Sauce beträufeln.

Tipp: Wenn Sie nicht gerne scharf essen, genügt Ihnen schon eine geringere Menge Currypaste. Sollte Ihnen das Gericht trotzdem zu scharf geraten sein, geben Sie noch etwas Kokosmilch zu. Und servieren Sie zum Essen ein Glas Milch oder Lassi, etwas Käse oder heißen Tee. Deren Genuss »löscht« das Feuer. Im Gegensatz zu Wasser, Bier, Saft oder Softdrinks.

Info: Currypasten sind unentbehrlich für das authentische Aroma thailändischer Gerichte. Generell sind sie zum Würzen asiatischer Gerichte sehr beliebt. Im Kühlschrank halten sich die Pasten aus unterschiedlichen asiatischen Kräutern und Gewürzen sehr lange. Hauptbestandteil der Currypasten sind Chilis – grüne Chilischoten bei der grünen, rote Chilischoten bei der roten Chilipaste. Daneben enthalten die Würzpasten unter anderem Pfeffer, Zitronengras, Knoblauch, Kaffirlimettenblätter, Galgant, Koriander und Kreuzkümmel. Hierzulande werden rote, gelbe und grüne Paste angeboten.

Da grüne Chilischoten schärfer sind als rote, ist die grüne Chilipaste auch die schärfste. Sie wird meist für Gemüsegerichte empfohlen. Für den durchschnittlichen mitteleuropäischen Gaumen eignen sich meiner Meinung nach aber besser rote und gelbe Paste. Auch sie passen sehr gut zu Gemüse und Tofu. Die gelbe Paste hat aufgrund des deutlich geringeren Chilianteils meist die mildeste Schärfe.

1 Portion (450 g): ca. 510 kcal, 30 g Eiweiß (24 E%), 35 g Fett (60 E%), 21 g Kohlenhydrate (16 E%).

Dieses Gericht liefert 113 kcal pro 100 g.

Balsamicolinsen mit gratiniertem Radicchio

2 Portionen

- **1 großer Radicchio** (ca. 550 g)
- **1 EL Olivenöl**
- **160 g Taleggio** (italienischer Weichkäse)
- **120 g Belugalinsen**
- **4 EL Aceto balsamico**
- **Salz & Pfeffer**

1. Die äußeren Blätter des Radicchios entfernen und den Radicchio halbieren. Die beiden Hälften jeweils dritteln, behutsam waschen und abtropfen lassen. Mit Salz und Pfeffer würzen. Den Backofen auf 180° (Umluft 160°) vorheizen. Den Taleggio in dünne Scheiben schneiden.

2. Das Öl in einer großen beschichteten Pfanne erhitzen. Die Radicchiosechstel darin von beiden Schnittseiten je 1–2 Minuten braten. Nebeneinander in eine Auflaufform legen und mit dem Käse belegen. Im Ofen (Mitte) etwa 20 Minuten gratinieren.

3. Inzwischen die Linsen mit 360 ml Wasser in einen Topf geben. Zum Kochen bringen und rund 15 Minuten garen. Eventuell noch 2–4 EL Wasser unterrühren. Den Essig unterrühren und die Linsen mit Salz und Pfeffer abschmecken. Radicchio und Linsen auf zwei Tellern anrichten.

Tipps: Anstelle des Taleggios können Sie auch Gorgonzola verwenden. Und anstelle der Belugalinsen können Sie Puy-Linsen verwenden. Diese müssen 20–25 Minuten garen. Sie sind etwas nussiger im Geschmack und haben eine leicht grünliche Färbung.

1 Portion (430 g): ca. 508 kcal, 34 g Eiweiß (27 E%), 26 g Fett (45 E%), 35 g Kohlenhydrate (28 E%).

Dieses Gericht liefert 118 kcal pro 100 g.

Scharfer Linsenauflauf

2 Portionen

- **1 große Zwiebel** (ca. 150 g)
- **2 rote Paprikaschoten** (ca. 380 g)
- **1 kleine getrocknete Chilischote**
- **4–5 Stängel frisches Basilikum**
- **1 EL Olivenöl**
- **1 Dose stückige Tomaten** (400 g)
- **1–2 Zweige Rosmarin**
- **100 g Belugalinsen**
- **1 TL gekörnte Gemüsebrühe** (Instantprodukt)
- **100 g geriebener Emmentaler**
- **Salz & Pfeffer**
- **etwas Butter für die Form**

1. Die Zwiebel abziehen und fein würfeln. Die Paprikaschoten waschen, putzen und in mundgerechte Rauten schneiden. Die Chilischote mithilfe eines Teelöffels oder im Mörser fein zerdrücken. Das Basilikum waschen, die Blättchen vom Stängel zupfen und in feine Streifen schneiden.

2. Das Öl in einem Suppentopf erhitzen. Die Zwiebel darin glasig dünsten. Die Paprika zugeben und 2 Minuten pfannenrühren. Die Tomaten zugeben. Die Dose mit 100 ml Wasser ausschwenken und dieses mit Chili, Basilikum und dem Rosmarinzweig unterrühren. Bei schwacher Hitze und geschlossenem Deckel etwa 20 Minuten leise köcheln lassen. Dabei gelegentlich umrühren.

3. Inzwischen die Linsen mit 300 ml Wasser zugedeckt 8–10 Minuten leise köcheln lassen. Dann die gekörnte Brühe unterrühren und die Linsen in weiteren 5–8 Minuten bissfest garen. Inzwischen den Backofen auf 180° (Umluft 160°) vorheizen. Eine Auflaufform mit etwas Butter einfetten.

4. Die Linsen mit dem Tomaten-Paprika-Gemüse mischen und in die Auflaufform geben. Gleichmäßig mit dem geriebenen Emmentaler bestreuen. Im Ofen (Mitte) überbacken, bis der Käse goldgelb zerlaufen ist.

1 Portion (460 g): ca. 515 kcal, 31 g Eiweiß (25 E%), 25 g Fett (44 E%), 40 g Kohlenhydrate (31 E%).

Dieses Gericht liefert 112 kcal pro 100 g.

Roter Zwiebelkuchen

2 Portionen

- 100 g Kichererbsenmehl
- 1 Zweig Rosmarin
- 1 Ei
- 700 g rote Zwiebeln
- 1 TL Olivenöl
- 100 g saure Sahne (10% Fett)
- 80 g geriebener Emmentaler
- Salz & Pfeffer
- Backpapier

1. Für den Teig das Kichererbsenmehl in eine Schüssel geben. Die Rosmarinnadeln direkt vom Zweig hineinstreifen. Mit 200 ml Wasser gut verrühren. 20 Minuten zugedeckt quellen lassen.

2. Gegen Ende der Quellzeit den Backofen auf 180° (Umluft 160°) vorheizen. Den Boden einer Spring- oder Quicheform (Durchmesser 28 cm) mit Backpapier belegen. Das Ei verquirlen und unter den Kichererbsenteig ziehen. Diesen in der Form verstreichen. Im Ofen (Mitte) etwa 20 Minuten backen.

3. Inzwischen die Zwiebeln abziehen, halbieren und in dünne Spalten schneiden. Das Öl in einer großen beschichteten Pfanne erhitzen. Die Zwiebeln darin 5 Minuten dünsten. Dabei gelegentlich umrühren. Mit der sauren Sahne und 40 g Emmentaler verrühren. Die Zwiebelmischung auf dem vorgebackenen Kichererbsenboden verteilen. Mit dem übrigen Emmentaler bestreuen und im Ofen (Mitte) noch einmal 20 Minuten backen.

Info: Die rote Zwiebel ist etwas milder und süßer im Geschmack als die weiße Speisezwiebel. Außerdem macht sie optisch mehr her. Und das Auge isst schließlich mit! Sie können für den Zwiebelkuchen auch Speisezwiebeln und rote Zwiebeln mischen, dann schmeckt er würziger.

1 Portion (400 g): ca. 510 kcal, 30 g Eiweiß (24 E%), 26 g Fett (45 E%), 39 g Kohlenhydrate (31 E%).

Dieses Gericht liefert 127 kcal pro 100 g.

SEITE 151

Fruchtiges Linsencurry

2 Portionen

- **4–6 Schalotten** (ca. 150 g)
- **1 TL Sesamöl**
- **2 TL indisches Currypulver** (siehe Seite 136 Blumenkohl mit Tofucurry)
- **80 g rote Linsen**
- **120 ml Kokosmilch**
- **2 mittelgroße Mangos**
- **16–20 Physalis**
- **200 g Vollmilchjoghurt** (3,8 % Fett)
- **Salz**

1. Die Schalotten abziehen und in Spalten schneiden. Öl in einem mittelgroßen Topf erhitzen. Die Schalotten darin bei mittlerer Hitze glasig dünsten. Dann das Currypulver und die Linsen zufügen und unter Rühren kurz rösten. Mit 200 ml Wasser ablöschen. Die Kokosmilch unterrühren und die Linsen bei schwacher Hitze und geschlossenem Deckel in rund 20 Minuten weich kochen. Dabei gelegentlich umrühren.

2. Inzwischen die Mangos schälen und das Fruchtfleisch in Spalten vom Kern schneiden. 300 g Fruchtfleisch in mundgerechte Würfel schneiden. Die Physalis aus den Hüllen lösen und halbieren. Die Mangos, die Beeren und den Joghurt unter die gegarten Kokoslinsen rühren und auf der abgeschalteten Herdplatte warm werden lassen. Nicht mehr aufkochen lassen, sonst werden die Früchte zu Kompott! Das Linsencurry mit Salz abschmecken und servieren.

Tipp: Physalis werden oft lediglich als Dekoration eingesetzt – schade! Mit ihrem süß-sauren Aroma verleihen sie herzhaften Gerichten wie Currys oder Salaten eine exotische Note. Vordergründig aber passen sie zu süßen Gerichten.

1 Portion (450 g): ca. 505 kcal, 17 g Eiweiß (14 E%), 22 g Fett (39 E%), 59 g Kohlenhydrate (47 E%).

Dieses Gericht liefert 112 kcal pro 100 g.

Bunter Kichererbsenauflauf

2 Portionen

- **je 1 rote, gelbe und grüne Paprikaschote** (à 180 g)
- **350 g Brokkoli**
- **1 EL Olivenöl**
- **200 g Kichererbsen** (Abtropfgewicht, aus der Dose)
- **150 g Feta** (Schafskäse)
- **80 ml Vollmilch** (3,8 % Fett)
- **1 Ei**
- **Salz & Pfeffer**

1. Die Paprikaschoten waschen, putzen und in kleine Rauten schneiden. Den Brokkoli putzen, in kleine Röschen teilen und waschen. 1 EL Öl in einer großen beschichteten Pfanne erhitzen. Den Brokkoli darin 5 Minuten pfannenrühren. Die Paprika zugeben und das Gemüse noch 3 Minuten braten. Mit Salz und Pfeffer würzen.

2. Den Backofen auf 180° (160° Umluft) vorheizen. Die Kichererbsen in ein Sieb abgießen, kalt abbrausen und gut abtropfen lassen. 70 g Schafskäse mit der Milch und dem Ei, wenig Salz und etwas Pfeffer pürieren.

3. Die Kichererbsen in eine Auflaufform geben. Das Gemüse darüber verteilen und mit der Schafskäsemilch übergießen. Den restlichen Schafskäse obenauf krümeln. Im Ofen (Mitte) 30–45 Minuten backen.

Tipp: Der Auflauf kann bereits nach rund 30 Minuten aus dem Ofen. Aber wenn Sie ihn länger im Ofen belassen, entfaltet der Schafskäse noch mehr Aroma und bräunt appetitlich.

1 Portion (425 g): ca. 515 kcal, 31 g Eiweiß (25 E%), 28 g Fett (49 E%), 34 g Kohlenhydrate (26 E%).

Dieses Gericht liefert 121 kcal pro 100 g.

Feuriges Gemüse mit roten Linsen

2 Portionen

- **220 g grüne Brechbohnen**
- **300 g Brokkoli**
- **1 mittelgroße rote Zwiebel** (ca. 100 g)
- **250 g grüne Paprikaschoten**
- **½ TL getrockneter Koriander**
- **½ TL Kreuzkümmel**
- **1 kleine getrocknete Chilischote**
- **40 g Erdnüsse** (ungesalzen und ungeröstet)
- **60 g rote Linsen**
- **2 EL Sesamöl**
- **160 g Vollmilchjoghurt** (3,8 % Fett)
- **Salz & Pfeffer**

1. Die Bohnen waschen, putzen und trocken tupfen. Den Brokkoli in kleine Röschen teilen und waschen. Die Brokkoliröschen mit einem Messer halbieren und trocken tupfen. Die Zwiebel abziehen, halbieren und in dünne Spalten schneiden. Die Paprikaschoten waschen, putzen und in mundgerechte Rauten schneiden. Koriander, Kreuzkümmel und Chilischote im Mörser zerstoßen. Die Erdnüsse klein hacken.

2. Die roten Linsen mit 150 ml Wasser in einem Topf zum Kochen bringen. Bei schwacher Hitze in rund 15 Minuten weich, aber noch leicht bissfest garen.

3. Inzwischen das Öl in einer beschichteten Pfanne erhitzen. Darin die Bohnen bei schwacher Hitze 4 Minuten garen. Dabei gelegentlich wenden. Den Brokkoli zugeben und weitere 4 Minuten garen und gelegentlich umrühren. Dann die Zwiebeln 2 Minuten mitgaren. Schließlich die Paprika zugeben und das Gemüse unter Rühren noch 2 Minuten bei mittlerer Hitze braten.

4. Die gegarten roten Linsen und die zerstoßenen Gewürze unterziehen. Das Gemüse mit Salz und Pfeffer abschmecken. Auf zwei Teller verteilen, den Joghurt darübergeben oder danebenklecksen und das Linsengemüse mit den Erdnüssen bestreuen.

1 Portion (470 g): ca. 430 kcal, 22 g Eiweiß (21 E%), 26 g Fett (54 E%), 27 g Kohlenhydrate (25 E%).

Dieses Gericht liefert 91 kcal pro 100 g.

Topinambur auf Artischockenquark

2 Portionen

- **600 g Topinambur**
- **300 g Quark** (20 % Fett i. Tr.)
- **60 ml Vollmilch** (3,8 % Fett)
- **4 Artischockenherzen** (Abtropfgewicht 120 g, aus der Dose)
- **1 Bund gemischte Kräuter** (z. B. Petersilie, Schnittlauch, Dill)
- **Salz & Pfeffer**

1. Die Topinamburknollen mit einer Gemüsebürste unter fließend kaltem Wasser gründlich abbürsten. In einem Topf mit 400 ml Wasser in 20–25 Minuten weich kochen.

2. Inzwischen den Quark mit der Milch verrühren. Die Artischockenherzen in einem Sieb abtropfen lassen. Die Kräuter waschen, trocken tupfen und fein hacken. Sofort unter den cremigen Quark rühren. Die Artischocken vierteln und unter den Quark ziehen. Die gegarten Topinamburknollen schälen. Mit je der Hälfte des Quarks auf zwei Tellern anrichten.

Info: Topinambur eignet sich sehr gut als Kartoffelersatz. Sein großes Plus ist, dass er im Vergleich zur Kartoffel weniger als die Hälfte an Kohlenhydraten enthält.

Tipps: Artischocken schmecken auch sehr gut in Salaten wie zum Beispiel einem mediterranen Salat aus Rucola, Radicchio und Cocktailtomaten. Oder im Omelett z. B. anstelle von Spargel oder Tomaten. Zusammen mit Ziegenkäse ergeben sie einen prima Belag für kohlenhydratarmes Ciabatta oder Cheddarmuffins (siehe Seiten 85 und 86).

Artischockenhummus: Pürieren Sie 100 g Artischockenherzen (Abtropfgewicht, aus der Dose) mit dem Saft von ½ Zitrone, 1 EL Olivenöl, ½ Knoblauchzehe, Salz, Pfeffer und etwas Wasser zu einer dicken Creme. Dieser Dip passt hervorragend zu Gemüsestiften von Möhren, Paprikaschoten oder Gurke – sowie zu gegartem Topinambur.

1 Portion (450 g): ca. 245 kcal, 24 g Eiweiß (39 E%), 9 g Fett (31 E%), 18 g Kohlenhydrate (30 E%).

Dieses Gericht liefert 55 kcal pro 100 g.

Winterliches Ofengemüse

2 Portionen

- **500 g Rosenkohl**
- **700 g Hokkaidokürbis**
- **500 g Topinambur**
- **1 EL Olivenöl**
- **3 Zweige Rosmarin**
- **wenige getrocknete Lavendelblätter** (sofern verfügbar)
- **60 g Schmand** (24–30 % Fett)
- **3 EL Vollmilch** (3,8 % Fett)
- **Salz & Pfeffer**

1. Den Rosenkohl gut waschen, die äußeren Blätter und die Stängelansätze entfernen und die Kohlköpfchen halbieren. In sprudelnd kochendem, leicht gesalzenem Wasser 4–5 Minuten blanchieren. In ein Sieb abgießen und gut abtropfen lassen. Den Backofen auf 180° (Umluft 160°) vorheizen.

2. Die Topinamburknollen mit einer Gemüsebürste unter fließend kaltem Wasser gründlich abbürsten. Schälen und in fingerdicke Spalten schneiden. Den Kürbis halbieren, die Kerne mithilfe eines Löffels entfernen. Die Kürbishaut mit einem Spargelschäler entfernen und 450 g Kürbisfleisch in fingerdicke Spalten schneiden.

3. Ein Backblech mit dem Öl bepinseln. Das Gemüse auf dem Blech verteilen. Die Rosmarinnadeln von den Zweigen streifen und über das Gemüse streuen. Ebenso den Lavendel, falls verfügbar. Im Ofen (Mitte) etwa 35 Minuten backen. Das Gemüse währenddessen ein- bis zweimal wenden.

4. Den Schmand mit der Milch cremig rühren und auf zwei kleine Schüsselchen verteilen. Jedes Schüsselchen auf einen großen Teller stellen. Das Ofengemüse salzen, pfeffern und jeweils rund um das Schüsselchen anrichten.

Info: Der Hokkaidokürbis kann auch mitsamt der Schale zubereitet werden. Den Kürbis dafür gründlich waschen, halbieren, die Kerne entfernen und den Kürbis in Spalten schneiden.

Tipps: Beim Ofengemüse können Sie nach Lust und Laune die Zutaten variieren. Zum Beispiel, indem Sie diese länderspezifisch zusammenstellen, etwa mediterran mit Auberginen, Zucchini, Tomaten, Knoblauch und etwas Schafskäse anstelle von Sauerrahm. Und im Sommer können Sie auf dem Blech mischen, was das regionale Angebot gerade hergibt: Karotten, Kohlrabi, Fenchel, Zuckerschoten, Paprikaschoten usw.

Auch die Kombination verschiedener Sorten einer Gemüseart fügt sich zu einem leckeren Ofengemüse. Kombinieren Sie zum Beispiel einmal verschiedene Wurzelgemüse wie Pastinaken mit Möhren, Topinambur und Steckrüben. Oder für überbackenes Kohlgemüse Spitzkohl, Kohlrabi, Rosenkohl und Brokkoli.

1 Portion (510 g): ca. 300 kcal, 17 g Eiweiß (23 E%), 14 g Fett (42 E%), 27 g Kohlenhydrate (35 E%).

Dieses Gericht liefert 59 kcal pro 100 g.

Kürbisrösti an Korianderquark

2 Portionen

- **900 g Hokkaidokürbis**
- **1 kleine rote Zwiebel** (ca. 50 g)
- **5–6 Stängel frischer Koriander**
- **300 g Quark** (20% Fett i. Tr.)
- **60 ml Vollmilch** (3,8% Fett)
- **½ TL gemahlener Kreuzkümmel**
- **2 kleine Eier** (S)
- **4 TL Olivenöl**
- **Salz & Pfeffer**

1. Den Kürbis vierteln, die Kerne mithilfe eines Löffels entfernen, und die Kürbisschale mit einem Spargelschäler entfernen. 600 g Kürbisfleisch auf einer Gemüsereibe grob raspeln. Die Zwiebel abziehen und fein würfeln. Den Koriander waschen, trocken tupfen, die Blättchen abzupfen und fein hacken. Den Quark mit der Milch, Zwiebel, Koriander und Kreuzkümmel gut verrühren. Mit Salz und Pfeffer abschmecken.

2. Den Backofen auf 100° vorheizen. Die Eier mit einer Gabel verquirlen und unter den Kürbis ziehen. Mit Salz und Pfeffer würzen und gut vermengen. Je nach Pfannengröße entweder 2 große oder 4 kleinere Kürbisrösti ausbacken. Dazu je 1–2 TL Öl in einer beschichteten Pfanne erhitzen. Die Hälfte bzw. je zweimal ein Viertel der Kürbismasse in die Pfanne geben und bei schwacher Hitze von beiden Seiten in insgesamt 25–30 Minuten zu goldgelben Rösti ausbacken. Die gebackenen Rösti auf einen Teller gleiten lassen und im Ofen warmhalten. Wenn alle Rösti gebacken sind, auf zwei Tellern anrichten und den Korianderquark danebenklecksen.

Tipp: Anstelle des Korianders können Sie zum Verfeinern des Quarks auch andere frische Kräuter wie Basilikum, Schnittlauch oder Petersilie verwenden.

1 Portion (430 g): ca. 410 kcal, 27 g Eiweiß (26 E%), 23 g Fett (50 E%), 24 g Kohlenhydrate (24 E%).

Dieses Gericht liefert 95 kcal pro 100 g.

Gefüllte Champignons

2 Portionen

- **550 g Champignons** (12–16 Stück)
- **2 Stangen Lauch** (ca. 400 g)
- **1 ½ EL Olivenöl**
- **100 g Gorgonzola**
- **300 g Cocktailtomaten**
- **200 ml Tomatensaft**
- **Salz & Pfeffer**
- **etwas Butter für die Form**

1. Die Champignons trocken abreiben, die Stielenden abschneiden. Die Stiele herausdrehen und beiseitelegen. Die Lauchstangen putzen und gut waschen. Die weißen und hellgrünen Teile längs vierteln und in dünne Ringe schneiden. 1 EL Öl in einer großen beschichteten Pfanne erhitzen. Den Lauch darin 3 Minuten dünsten. Salzen und pfeffern.

2. Den Backofen auf 180° (Umluft 160°) vorheizen. Eine große Auflaufform dünn mit Butter einfetten. Die Champignonköpfe hineinsetzen und gleichmäßig mit Lauch füllen. Etwa 2 EL gedünsteten Lauch in der Pfanne belassen und zugedeckt beiseitestellen. Den Gorgonzola in so viele Scheiben schneiden, wie Champignons vorhanden sind. Die gefüllten Champignonköpfe mit je 1 Scheibe Käse bedecken. Im Ofen (Mitte) etwa 30 Minuten überbacken.

3. Die Champignonstiele fein würfeln. Die Cocktailtomaten waschen und vierteln. Nach 15 Minuten Garzeit der Champignons, den übrigen Lauch in der Pfanne erneut mit ½ EL Olivenöl erhitzen. Die Champignonwürfelchen und die Tomaten zugeben und 2 Minuten pfannenrühren. Mit dem Tomatensaft ablöschen, mit Salz und Pfeffer abschmecken und mit einem Stabmixer pürieren. Auf zwei Teller je einen Spiegel aus Tomatensauce gießen und die überbackenen Champignonköpfe hineinsetzen.

1 Portion (450 g): ca. 365 kcal, 23 g Eiweiß (26 E%), 25 g Fett (60 E%), 14 g Kohlenhydrate (14 E%).

Dieses Gericht liefert 81 kcal pro 100 g.

Kohlwickel mit Erdnussfüllung

2 Portionen

- **1 Spitzkohl** (ca. 700 g)
- **300 g Möhren**
- **40 g geröstete Erdnüsse**
- **2 mittelgroße Zwiebeln** (ca. 200 g)
- **2 EL Rapsöl**
- **40 g Frischkäse**
- **20 g Haferkleie**
- **30 g Erdnussmus**
- **Salz & Pfeffer**
- **6 kurze Holzspieße**

1. Vom Kohl die äußeren Blätter entfernen. Dann 6 große Blätter vorsichtig ablösen und waschen. Die Blätter in sprudelnd kochendem Wasser knapp 2 Minuten blanchieren. Die Blätter mit dem Schaumlöffel herausheben und abtropfen lassen. Den Kohlsud aufbewahren.

2. Den restlichen Kohl vierteln, waschen und den Strunk herausschneiden. 300 g Kohl in feine Streifen schneiden. Die Erdnüsse fein hacken. Die Zwiebeln abziehen und fein würfeln. 1 EL Öl in einer beschichteten Pfanne erhitzen. Die Zwiebeln darin glasig dünsten. Die Kohlstreifen zugeben und 5 Minuten pfannenrühren. Das Kohlgemüse in einer Schüssel mit dem Frischkäse, der Haferkleie, den Erdnüssen und etwa 40 ml Kohlsud gut verrühren. Mit Salz und Pfeffer kräftig abschmecken.

3. Die 6 vorbereiteten Kohlblätter nebeneinander auslegen und ihre Strunkansätze v-förmig herausschneiden. Die Blätter jeweils mit der gleichen Menge der Kohl-Käse-Füllung bestreichen. Dabei rundherum einen Rand von 1 cm unbestrichen lassen. Diesen Blattrand links und rechts über die Mischung klappen und den Spitzkohl von der Strunkseite her behutsam aufrollen. Die Rouladen jeweils mit 1 Holzspieß fixieren.

4. Die Möhren putzen, waschen und in kurze, feine Stifte oder dünne Halbkreise schneiden. Mit 300 ml des Kohlsuds zum Kochen bringen und bei schwacher Hitze und geschlossenem Deckel 4–5 Minuten dünsten. Währenddessen erneut 1 EL Öl in einer beschichteten Pfanne erhitzen. Die Kohlwickel darin insgesamt 4–5 Minuten von allen Seiten braten.

6. Die gegarten Kohlwickel aus der Pfanne heben und auf zwei Tellern anrichten. Das Erdnussmus und etwas Kohlsud ins Bratfett rühren. Mit Salz und Pfeffer abschmecken. Die Möhren kurz in einem Sieb abtropfen lassen. Dann neben den Kohlwickeln anrichten und die Erdnusssauce gleichmäßig darüberlöffeln.

1 Portion (450 g): ca. 500 kcal, 18 g Eiweiß (15 E%), 37 g Fett (65 E%), 25 g Kohlenhydrate (20 E%).

Dieses Gericht liefert 111 kcal pro 100 g.

Gelbe Ratatouille mit gratiniertem Schafskäse

2 Portionen

- **2 mittelgroße gelbe Zucchini** (ca. 550 g)
- **2 gelbe Paprikaschoten** (ca. 440 g)
- **250 g gelbe Cocktailtomaten**
- **1 mittelgroße Zwiebel** (ca. 100 g)
- **1 EL Olivenöl**
- **3 Zweige Rosmarin**
- **30 g Sahne**
- **150 g Feta** (Schafskäse)
- **Salz & Pfeffer**
- **etwas Butter für die Form**

1. Die Zucchini waschen, die Enden abschneiden. Die Zucchini längs vierteln und in dünne Scheiben schneiden. Die Paprikaschoten waschen, putzen und in mundgerechte Rauten schneiden. Die Tomaten waschen und vierteln. Die Zwiebel abziehen und fein würfeln. Den Backofen auf 180° (Umluft 160°) vorheizen.

2. Das Öl in einer großen beschichteten Pfanne erhitzen. Die Zwiebeln bei mittlerer Hitze darin glasig dünsten. Die Rosmarinzweige hineinlegen und kurz mitdünsten. Die Zucchini zugeben und 2 Minuten mitdünsten. Dann die Paprika 3–4 Minuten mitdünsten. Schließlich die Tomaten zum Gemüse geben und alles noch 2 Minuten dünsten. Dabei gelegentlich umrühren.

3. Die Sahne unterrühren. Mit Salz und Pfeffer abschmecken. Eine Auflaufform dünn mit Butter einfetten und das Gemüse darin verteilen. Den Schafskäse diagonal durchschneiden und die beiden Dreiecke auf die Ratatouille legen. Im Ofen (Mitte) etwa 30 Minuten garen.

1 Portion (470 g): ca. 445 kcal, 22 g Eiweiß (20 E%), 30 g Fett (59 E%), 22 g Kohlenhydrate (21 E%).

Dieses Gericht liefert 95 kcal pro 100 g.

Spinatlinsen

2 Portionen

- **60 g braune Linsen**
- **1 TL gekörnte Gemüsebrühe** (Instantprodukt)
- **600 g frischer Spinat**
- **1 große Zwiebel** (ca. 150 g)
- **1 EL Rapsöl**
- **100 g Frischkäse** (Doppelrahmstufe)
- **100 g saure Sahne** (10% Fett)
- **Salz & Pfeffer**

1. Die Linsen mit 160 ml kaltem Wasser in einem Topf zum Kochen bringen. Bei schwacher Hitze und geschlossenem Deckel in 30–45 Minuten – Packungsangabe beachten – weich garen. Etwa 10 Minuten vor Ende der Garzeit die gekörnte Brühe unterrühren und eventuell noch etwas Wasser zugeben.

2. Inzwischen den Spinat verlesen, gut waschen und tropfnass in einen großen Topf geben. Darin bei schwacher Hitze und geschlossenem Deckel in 4–5 Minuten zusammenfallen lassen. Den Spinat in ein Sieb geben, leicht abkühlen lassen und gut ausdrücken. Die Zwiebel abziehen und fein würfeln.

3. Die gegarten Linsen ggf. in einem Sieb abtropfen lassen. Das Öl in einer großen beschichteten Pfanne erhitzen. Die Zwiebel darin glasig dünsten. Den Spinat und die Linsen zugeben und bei mittlerer Hitze erwärmen. Den Frischkäse und die saure Sahne unterrühren und heiß werden lassen. Nicht kochen lassen! Mit Salz und Pfeffer abschmecken.

Tipps: Die Zubereitungszeit verkürzt sich erheblich, wenn Sie die braunen Linsen durch rote Linsen ersetzen. Diese müssen nur 15–20 Minuten garen.

Sie können dem Gericht auch eine indisch angehauchte Note verleihen: Ersetzen Sie die braunen durch rote Linsen (kürzere Garzeit!). Stäuben Sie im letzten Schritt nach dem Dünsten der Zwiebel 1 TL indisches Currypulver darüber. Kurz pfannenrühren und dann erst Spinat und Linsen zufügen.

1 Portion (454 g): ca. 450 kcal, 23 g Eiweiß (21 E%), 28 g Fett (56 E%), 26 g Kohlenhydrate (23 E%).

Dieses Gericht liefert 99 kcal pro 100 g.

Gratinierter Chinakohl

2 Portionen

- **1 kg Chinakohl**
- **120 g Gorgonzola**
- **60 g Sahne**
- **110 ml Vollmilch** (3,8 % Fett)
- **Salz & Pfeffer**
- **etwas Butter für die Form**

1. Den Backofen auf 180° (Umluft 160°) vorheizen. Die äußeren Blätter des Chinakohls entfernen. Den Chinakohl längs vierteln, behutsam waschen und trocken schütteln. Den Gorgonzola mit der Sahne und der Milch cremig pürieren.

2. Eine große Auflaufform mit der Butter einfetten. Den Chinakohl mit den Schnittstellen nach oben in die Form legen und mit der Gorgonzolacreme gleichmäßig bestreichen. Im Ofen (Mitte) etwa 25 Minuten garen.

Tipps: Auch Endiviensalat, Radicchio oder Chicorée schmecken sehr gut, wenn Sie sie wie im Rezept beschrieben überbacken.

Wenn das Aroma noch kräftiger sein darf, ersetzen Sie den Gorgonzola durch Roquefort.

1 Portion (435 g): ca. 415 kcal, 19 g Eiweiß (19 E%), 33 g Fett (71 E%), 10 g Kohlenhydrate (10 E%).

Dieses Gericht liefert 95 kcal pro 100 g.

Schafskäse mediterran

2 Portionen

- **800 g Zucchini**
- **60 g entsteinte grüne Oliven**
- **2 große Zwiebeln** (ca. 340 g)
- **20 g Kapern**
- **2 unbehandelte Zitronen**
- **2 EL Olivenöl**
- **150 g Feta** (Schafskäse)
- **Salz & Pfeffer**
- **etwas Butter für die Form**

1. Die Zucchini waschen, die Enden abschneiden. Die Zucchini längs vierteln und in Scheiben schneiden. Die Oliven in einem Sieb gut abtropfen lassen. Die Zwiebeln abziehen und grob würfeln. Die Oliven in Scheiben schneiden. Die Kapern im Sieb gut abtropfen lassen. Die Zitronen heiß waschen, trocken tupfen und aus der Mitte je 2–3 dünne Scheiben schneiden.

2. Eine Auflaufform mit etwas Butter einfetten. Das Öl in einer großen beschichteten Pfanne erhitzen. Die Zwiebeln darin glasig dünsten. Die Zucchini zugeben und 4 Minuten garen. Dabei gelegentlich umrühren.

3. Den Backofen auf 180° (Umluft 160°) vorheizen. Die Oliven und die Kapern in die Zucchinipfanne rühren. Mit Salz und Pfeffer abschmecken. Das Gemüse in die Auflaufform geben. Den Schafskäse in 2 Scheiben schneiden, auf das Gemüse legen und mit den Zitronenscheiben belegen. Im Ofen (Mitte) etwa 20 Minuten überbacken.

4. Auf zwei Tellern anrichten und mit je ½ Zitrone servieren. Am Tisch nach Geschmack mit Zitronensaft beträufeln.

1 Portion (450 g): ca. 505 kcal, 22 g Eiweiß (18 E%), 35 g Fett (62 E%), 25 g Kohlenhydrate (20 E%).

Dieses Gericht liefert 112 kcal pro 100 g.

Grüner Spargel mit Parmesansahne

2 Portionen

- **1 kg grüner Spargel**
- **80 g Sahne**
- **60 g geriebener Parmesan**
- **3 Eier**
- **2–3 EL Vollmilch** (3,8 % Fett)
- **1 TL Rapsöl**
- **Salz & Pfeffer**

1. Den Spargel waschen und im unteren Drittel dünn schälen. Die holzigen Enden abschneiden. In 700 ml leicht kochendem Salzwasser in 5–8 Minuten bissfest garen. Am besten in einem schmalen hohen Topf mit Einsatz, in dem der Spargel stehend garen kann, ohne dass die Spitzen im Wasser liegen.

2. Währenddessen die Sahne halbsteif schlagen. Mit Salz und Pfeffer würzen und steif schlagen. Den Parmesan unterziehen. Die Eier mit der Milch, Salz und Pfeffer mit dem Handrührgerät schaumig schlagen.

3. Das Öl in einer großen beschichteten Pfanne erhitzen. Den Eierschaum darin bei schwacher Hitze 5–6 Minuten stocken lassen. Zum Wenden auf einen großen Teller gleiten lassen, zurück in die Pfanne stürzen und von der anderen Seite auch 5–6 Minuten braten.

4. Das Omelett teilen und je eine Hälfte mit der Hälfte des Spargels und der Parmesansahne dekorativ auf einem Teller anrichten.

Tipp: Auch weißer Spargel harmoniert hervorragend mit Parmesansahne und Omelett. Der weiße Spargel wird bis auf die Köpfe komplett dünn geschält. Auch die Garzeit unterscheidet sich von der des grünen Spargels: Er benötigt je nach Qualität 15–20 Minuten, um weich, aber noch bissfest zu garen.

1 Portion (480 g): ca. 470 kcal, 28 g Eiweiß (24 E%), 35 g Fett (66 E%), 10 g Kohlenhydrate (10 E%).

Dieses Gericht liefert 98 kcal pro 100 g.

Pastinakenpasta mit Austernpilzen

2 Portionen

- 700 g Austernpilze
- 600 g Pastinaken
- 2 mittelgroße Zwiebeln (ca. 200 g)
- 1–2 Knoblauchzehen (nach Geschmack)
- 1 walnussgroßes Stück Ingwer
- 2 EL Sesamöl
- 60 g Sahne
- 100 ml Vollmilch (3,8 % Fett)
- 60 g geriebener Parmesan
- Salz & Pfeffer

1. Die Austernpilze mit einer Pilzbürste oder einem Pinselchen trocken putzen. Die harten Stielansätze der Austernpilze abschneiden und die Hüte in Streifen schneiden. Die Pastinaken gründlich waschen, schälen und die Enden abschneiden. 300 g in ganz feine Streifen schneiden – das gelingt am besten mit einem Julienneschneider. Den Ingwer schälen und fein würfeln. Die Zwiebeln und den Knoblauch abziehen und fein würfeln.

2. Den Backofen auf 100° vorheizen. 1 EL Öl in einer großen beschichteten Pfanne erhitzen. Zwiebeln, Knoblauch und Ingwer darin unter Rühren glasig dünsten. Die Austernpilze zufügen und bei mittlerer Hitze 4–5 Minuten pfannenrühren. Die Sahne und die Milch unterrühren, jetzt nicht mehr aufkochen lassen. Mit Salz und Pfeffer abschmecken.

3. Die Pilzpfanne in eine Auflaufform geben und im abgeschalteten Ofen warm halten. Die Pfanne säubern. Erneut 1 EL Öl darin erhitzen. Die Pastinakenjulienne bei starker Hitze 4–6 Minuten pfannenrühren. Salzen und auf zwei Teller verteilen. Die Austernpilze darübergeben und mit Parmesan bestreuen.

Tipp: Mit den Pastinakenresten können sie gut die »Pastinakencremesuppe« (siehe Seite 119) zubereiten.

1 Portion (460 g): ca. 400 kcal, 19 g Eiweiß (19 E%), 30 g Fett (65 E%), 16 g Kohlenhydrate (16 E%).

Dieses Gericht liefert 87 kcal pro 100 g.

Zucchinilinguine

2 Portionen

- 40 g Pinienkerne
- 1 große Zwiebel (ca. 150 g)
- 1 Knoblauchzehe
- 700 g kleine Zucchini
- 1 großer Radicchio (ca. 500 g)
- 2 EL Olivenöl
- 60 g geriebener Parmesan
- Salz & Pfeffer

1. Die Pinienkerne in einer Pfanne ohne Fett zartbraun rösten. Die Zwiebel und den Knoblauch abziehen und fein würfeln. Die Zucchini waschen, die Enden abschneiden und die Zucchini in feine, lange – Linguine ähnliche – Streifen schneiden. Das gelingt am besten mit einem Julienneschneider. Die äußeren Blätter des Radicchios entfernen. Den Radicchio vierteln. Die Viertel behutsam waschen und abtropfen lassen. Den Strunk entfernen und den Radicchio in dünne Streifen schneiden.

2. Den Backofen auf 100° vorheizen. 1 EL Öl in einer großen beschichteten Pfanne erhitzen. Die Zwiebel und den Knoblauch darin glasig dünsten. Den Radicchio zugeben und 4–5 Minuten pfannenrühren. Salzen und pfeffern. In eine Auflaufform geben und im abgeschalteten Ofen warm halten.

3. Die Pfanne säubern. Erneut 1 EL Öl darin erhitzen. Die Zucchinilinguine darin unter Rühren 3–4 Minuten braten. Anschließend salzen und 20 g geriebenen Parmesan untermischen. Die Linguine mit dem Radicchio auf zwei Tellern anrichten. Mit den Pinienkernen und dem restlichen Parmesan bestreut servieren.

Tipp: Da die Zucchini im Inneren sehr weich sind, lassen sich aus ihrer Mitte keine Julienne hobeln. Es bleibt von jedem Zucchino ein wenig übrig! Aus diesen Zucchiniresten können Sie zum Beispiel wunderbar 1 Portion Suppe kochen: Die Zucchinireste in kleine Würfel schneiden. 1 Zwiebel abziehen und fein würfeln. Dann die Zwiebel in etwas heißem Öl glasig dünsten, die Zucchini zugeben und mit etwa 250 ml Gemüsebrühe 5 Minuten leise köcheln lassen. Die Suppe pürieren, 1–2 EL Sahne unterrühren und unter Rühren einmal kurz aufkochen lassen. Mit Salz und Pfeffer abschmecken.

1 Portion (420 g): ca. 450 kcal, 22 g Eiweiß (20 E%), 34 g Fett (67 E%), 14 g Kohlenhydrate (13 E%).

Dieses Gericht liefert 107 kcal pro 100 g.

SEITE 175

Sesamcamembert auf Birnenrotkraut

2 Portionen

- **1 Kopf Rotkohl** (ca. 700 g)
- **1 große rote Zwiebel** (ca. 150 g)
- **2 TL gekörnte Gemüsebrühe** (Instantprodukt)
- **1 EL Rapsöl**
- **1 EL Agavendicksaft**
- **2 Lorbeerblätter**
- **2 kleine Camemberts** (à 80 g)
- **1 Ei**
- **40 g Sesamsaat**
- **1 mittelgroße Birne** (z. B. Williams Christ, ca. 250 g)
- **Salz & Pfeffer**
- **Backpapier**

1. Die äußeren Blätter des Rotkohls entfernen. Den Kohl vierteln, waschen und den Strunk herausschneiden. Den Kohl in schmale Streifen schneiden. Die Zwiebel abziehen und würfeln. Die gekörnte Brühe mit 300 ml heißem Wasser verrühren.

2. Das Öl in einem großen Topf erhitzen. Die Zwiebel darin glasig dünsten. Den Kohl zugeben und unter Rühren anbräunen. Den Agavendicksaft unter Rühren zugeben, kurz pfannenrühren. Dann mit der Gemüsebrühe ablöschen. Die Lorbeerblätter zugeben und das Rotkraut bei schwacher Hitze und geschlossenem Deckel rund 30 Minuten garen. Dabei gelegentlich umrühren.

3. Nach etwa 20 Minuten Garzeit den Backofen auf 180° (Umluft 160°) vorheizen. Ein Backblech mit Backpapier belegen. Das Ei in einem tiefen Teller mit Salz und Pfeffer verquirlen. Die Sesamsaat auf einen flachen Unterteller geben. Die Camemberts zuerst im Ei wenden, dann im Sesam wälzen und auf das Blech legen. Im Ofen (Mitte) etwa 15–20 Minuten backen.

4. Die Birne waschen, das Kerngehäuse herausschneiden und das Fruchtfleisch in Würfel schneiden. Unter das Rotkraut mischen und weitere 10 Minuten garen. Das Birnenrotkraut auf zwei Tellern mit jeweils 1 Sesamcamembert anrichten.

1 Portion (460 g): ca. 511 kcal, 30 g Eiweiß (24 E%), 30 g Fett (51 E%), 32 g Kohlenhydrate (25 E%).

Dieses Gericht liefert 111 kcal pro 100 g.

SEITE 177

Topinamburpüree im Spinatnest

2 Portionen

- **500 g Topinambur**
- **500 g Blattspinat**
- **500 g weißer Spargel** (ersatzweise Schwarzwurzel)
- **wenige Tropfen Zitronensaft**
- **20 g Butter**
- **80 g geriebener Emmentaler**

Für die Béchamelsauce:

- **10 g Butter**
- **½ TL Johannisbrotkernmehl**
- **150 ml Vollmilch** (3,8% Fett)
- **Salz & Pfeffer**
- **etwas Butter für die Form**

1. Die Topinamburknollen mit einer Gemüsebürste unter fließend kaltem Wasser gründlich abbürsten. In einem Topf mit 400 ml Wasser in 20–25 Minuten weich kochen.

2. Inzwischen für die Béchamelsauce die Butter in einem kleinen Topf schmelzen lassen. Das Johannisbrotkernmehl klümpchenfrei mit 5–6 EL Wasser verrühren. Mit einem Schneebesen in die Butter rühren. Nach und nach die Milch unterrühren. Bei schwacher Hitze 8–10 Minuten einkochen lassen. Mit Salz und Pfeffer abschmecken.

3. Während die Sauce kocht, den Spinat verlesen. Gründlich waschen und tropfnass mit etwas Salz in einen Topf geben, den Deckel auflegen. Den Spargel waschen, mit Ausnahme der Spargelspitze schälen, die holzigen Enden abschneiden. Den Spargel in 3 cm lange Stücke schneiden. Die Spargelspitzen zugedeckt beiseitestellen.

4. 800 ml kochendes Wasser leicht salzen, wenige Tropfen Zitronensaft hineingeben. Den Spargel, nicht die Spitzen, darin 2 Minuten bei mittlerer Hitze garen. Die Spargelspitzen zugeben und weitere 2 Minuten mitgaren. In ein Sieb abgießen und abtropfen lassen. Den Spinat erhitzen und im Topf zusammenfallen lassen. In einem Sieb abtropfen lassen.

5. Den Backofen auf 180° (Umluft 160°) vorheizen. Eine Auflaufform mit Butter einfetten. Den Topinambur schälen. Butter zugeben und mit einem Kartoffelstampfer zu feinem Püree zerstampfen. Den Spinat salzen und pfeffern. In die Auflaufform geben. Den Spargel darauf verteilen. Mit 20 g Käse bestreuen, mit der Béchamelsauce übergießen. Darauf das Topinamburpüree verstreichen. Mit Käse bestreuen. Im Ofen (Mitte) etwa 25 Minuten überbacken.

1 Portion (490 g): ca. 435 kcal, 27 g Eiweiß (26 E%), 29 g Fett (58 E%), 18 g Kohlenhydrate (16 E%).

Dieses Gericht liefert 89 kcal pro 100 g.

Ricottaklößchen mit Spinat

2 Portionen

- 700 g frischer Blattspinat
- 200 g Ricotta
- 30 g Haferkleie
- 80 g geriebener Parmesan
- 2 Eiweiß
- 2 TL Johannisbrotkernmehl
- 1 mittelgroße Zwiebel
- 2 Knoblauchzehen
- 1 EL Rapsöl
- 20 g Butter
- Salz & Pfeffer
- Dämpfeinsatz

1. 240 g Spinat verlesen und gründlich waschen. Tropfnass mit etwas Salz in einen Topf geben und zusammenfallen lassen. In einem Sieb abtropfen lassen. Sehr gut ausdrücken und den Spinat fein hacken. Mit Ricotta, Haferkleie, Salz, Pfeffer und 40 g Parmesan gut verrühren.

2. Die Eiweiße steif schlagen und unter den Ricottateig ziehen. 2 gehäufte TL Johannisbrotkernmehl gleichmäßig darüberstäuben und mit einem Schneebesen behutsam unterziehen.

3. In einem Topf mit Dämpfeinsatz – diesen aber noch nicht einhängen – 500 ml Wasser zum Kochen bringen. Mit angefeuchteten Händen 6 Klößchen gleicher Größe formen und in den Dämpfeinsatz des Topfs setzen. Bei schwacher bis mittlerer Hitze und geschlossenem Deckel 30 Minuten im Wasserdampf garen.

4. Nach 20 Minuten Garzeit die Zwiebel und den Knoblauch abziehen und fein würfeln. Den übrigen Spinat verlesen und gut waschen. Tropfnass mit etwas Salz in einen Topf geben und zusammenfallen lassen. In einem Sieb abtropfen lassen. Gut ausdrücken und den Spinat hacken. Das Öl in einer beschichteten Pfanne erhitzen. Die Zwiebel und den Knoblauch darin glasig dünsten. Den Spinat unterrühren und mit Salz und Pfeffer abschmecken. Die Butter in einem kleinen Topf schmelzen.

5. Den Spinat auf zwei Teller verteilen. Die Ricottaklößchen darauf anrichten und mit je 20 g Parmesan bestreuen. Die geschmolzene Butter über die Klöße löffeln.

Tipp: Wenn Sie nicht über einen Topf mit Dämpfeinsatz verfügen, können Sie ein Sieb über das kochende Wasser hängen.

1 Portion (485 g): ca. 580 kcal, 39 g Eiweiß (27 E%), 43 g Fett (66 E%), 11 g Kohlenhydrate (7 E%).

Dieses Gericht liefert 119 kcal pro 100 g.

Fenchel-Tomaten-Gratin

2 Portionen

- 600 g Fenchelknollen
- 600 g Fleischtomaten
- 2–3 Zweige Thymian
- 1 ½ EL Olivenöl
- 100 g geriebener Parmesan
- Salz & Pfeffer

1. Die Fenchelknollen waschen und putzen. Die Stängel abschneiden und die Knollen in etwa 3 mm dünne Scheiben schneiden. Die Tomaten waschen, die Stielansätze herausschneiden und die Tomaten quer in Scheiben schneiden. Den Thymian waschen, trocken schütteln und die Blättchen abzupfen.

2. Den Backofen auf 180° (Umluft 160°) vorheizen. 1 EL Olivenöl in einer beschichteten Pfanne erhitzen und die Fenchelscheiben 1–2 Minuten von beiden Seiten braten. Salzen und pfeffern.

3. Eine Auflaufform dünn mit Öl einfetten. Abwechselnd je 1 Lage Fenchelscheiben, darauf 1 Lage Tomatenscheiben, dann etwas Parmesan und schließlich Thymianblättchen einschichten. Abschließend mit Parmesan bestreuen. Im Ofen (Mitte) etwa 45 Minuten backen.

Tipps: Anstelle von Fenchel können Sie auch Zucchini verwenden. Schneiden Sie hierfür die Zucchini nach dem Waschen und Putzen längs in 3–4 mm breite Scheiben. Diese nur kurz von beiden Seiten anbraten, dann mit der Zubereitung fortfahren wie im Rezept beschrieben.

Anstelle des Parmesans passt zum Gratin auch in Scheiben geschnittener Mozzarella. Dieser wird allerdings erst nach rund 40 Minuten Garzeit auf den Auflauf gelegt. Das Gratin dann noch rund 5 Minuten überbacken, bis der Mozzarella etwas Farbe annimmt.

1 Portion (530 g): ca. 410 kcal, 25 g Eiweiß (25 E%), 27 g Fett (59 E%), 17 g Kohlenhydrate (16 E%).

Dieses Gericht liefert 77 kcal pro 100 g.

Zucchinibratlinge

2 Portionen

- **900 g Zucchini**
- **160 g Salatgurke**
- **260 g Vollmilchjoghurt** (3,8 % Fett)
- **1 mittelgroße Zwiebel** (ca. 100 g)
- **1 Ei**
- **60 g geriebener Parmesan**
- **40 g Sojamehl**
- **1 EL Johannisbrotkernmehl**
- **3 EL Olivenöl**
- **Salz & Pfeffer**

1. Die Zucchini waschen, die Enden abschneiden. Auf einer Gemüsereibe grob raspeln. Die Zucchini salzen, gut verrühren und etwa 20 Minuten zugedeckt durchziehen lassen. Inzwischen die Gurke schälen und ebenfalls grob raspeln. Mit dem Joghurt verrühren. Mit Salz und Pfeffer abschmecken und zugedeckt kühl stellen.

2. Die Zwiebel abziehen und auf der Gemüsereibe grob raspeln. Die Zucchini in ein Sieb geben und mehrmals mit den Händen gut ausdrücken, bis sich ein Gewicht von etwa 440 g ergibt. In einer Schüssel mit den Zwiebeln und dem Ei gut verrühren. Den Parmesan zugeben, Sojamehl und Johannisbrotkernmehl darüberstäuben und alles gut mischen. 10 Minuten zugedeckt ruhen lassen.

3. Dann den Zucchiniteig mit den Händen zu 8 Kugeln gleicher Größe formen. Diese gut zusammendrücken und auf diese Weise zu flachen Bratlingen formen. 1½ EL Öl in einer großen beschichteten Pfanne erhitzen. Die Bratlinge im heißen Fett bei mittlerer Hitze 4–5 Minuten braten. Erneut 1½ EL Öl in die Pfanne geben. Die Bratlinge wenden und von der anderen Seite ebenfalls 4–5 Minuten braten. Auf zwei Tellern anrichten und mit dem Gurkenjoghurt servieren.

1 Portion (480 g): ca. 580 kcal, 33 g Eiweiß (23 E%), 42 g Fett (64 E%), 19 g Kohlenhydrate (13 E%).

Dieses Gericht liefert 121 kcal pro 100 g.

Schmorgurken mit Halloumispießen

2 Portionen

- **900 g Land- oder Minigurken**
- **1 mittelgroße Zwiebel** (ca. 100 g)
- **16 Cocktailtomaten** (ca. 230 g)
- **120 g Halloumi** (Grillkäse, gibt's im Supermarkt)
- **2 EL Rapsöl**
- **1 Bund frischer Dill**
- **40 g saure Sahne** (10 % Fett)
- **Salz & Pfeffer**
- **4 Schaschlikspieße**

1. Die Gurken schälen, längs vierteln und in mundgerechte Stücke schneiden. Die Zwiebel abziehen und fein würfeln. Die Cocktailtomaten waschen und trocken tupfen. Den Halloumi in 12 Würfel gleicher Größe schneiden. Den Dill waschen, trocken schütteln und fein hacken. Zugedeckt beiseitestellen.

2. Auf jeden der vier Spieße abwechselnd 4 Cocktailtomaten und 3 Käsewürfel stecken. 1 EL Öl in einem Topf erhitzen. Die Zwiebel darin glasig dünsten. Die Gurken zugeben und unter Rühren braten. Mit 3–4 EL Wasser ablöschen. Bei schwacher Hitze und geschlossenem Deckel 10–15 Minuten schmoren. Dabei gelegentlich umrühren.

3. Währenddessen 1 EL Öl in einer großen beschichteten Pfanne erhitzen. Die Tomaten-Halloumi-Spieße darin von allen vier Seiten je 2–4 Minuten braten.

4. Die geschmorten Gurken von der heißen Platte nehmen. Die saure Sahne und den Dill unterrühren. Mit Salz und Pfeffer abschmecken. Das Gurkengemüse mit den Spießen auf zwei Tellern anrichten.

1 Portion (470 g): ca. 395 kcal, 18 g Eiweiß (19 E%), 29 g Fett (65 E%), 16 g Kohlenhydrate (16 E%).

Dieses Gericht liefert 84 kcal pro 100 g.

Eine chronologisch angeordnete Auswahl aktueller Literatur, die u. a. als Quellen herangezogen wurden:

1. Li D. Chemistry behind Vegetarianism. J Agric Food Chem 2011;59:777-84.
2. Kniskern MA, Johnston CS. Protein dietary reference intakes may be inadequate for vegetarians if low amounts of animal protein are consumed. Nutrition 2011.
3. Leitzmann M, Keller M. Vegetarische Ernährung. Stuttgart: Verlag Eugen Ulmer (UTB), 2010.
4. Hoeflich J, Hollenbach B, Behrends T, Hoeg A, Stosnach H, Schomburg L. The choice of biomarkers determines the selenium status in young German vegans and vegetarians. Br J Nutr 2010;104:1601-4.
5. Gilsing AM, Crowe FL, Lloyd-Wright Z, et al. Serum concentrations of vitamin B12 and folate in British male omnivores, vegetarians and vegans: results from a cross-sectional analysis of the EPIC-Oxford cohort study. Eur J Clin Nutr 2010;64:933-9.
6. Craig WJ. Nutrition concerns and health effects of vegetarian diets. Nutr Clin Pract 2010;25:613-20.
7. Ströhle A, Hahn A, Sebastian A. Latitude, local ecology, and hunter-gatherer dietary acid load: implications from evolutionary ecology. Am J Clin Nutr. 2010;92:940-5
8. Weaver CM. Should dairy be recommended as part of a healthy vegetarian diet? Point. Am J Clin Nutr 2009;89:1634S-1637S.
9. Jenkins DJ, Wong JM, Kendall CW, et al. The effect of a plant-based low-carbohydrate (»Eco-Atkins«) diet on body weight and blood lipid concentrations in hyperlipidemic subjects. Arch Intern Med 2009;169:1046-54.
10. Key TJ, Appleby PN, Spencer EA, et al. Cancer incidence in British vegetarians. Br J Cancer 2009;101:192-7.
11. Jacobs DR, Jr., Haddad EH, Lanou AJ, Messina MJ. Food, plant food, and vegetarian diets in the US dietary guidelines: conclusions of an expert panel. Am J Clin Nutr 2009;89:1549S-1552S.
12. Ho-Pham LT, Nguyen ND, Nguyen TV. Effect of vegetarian diets on bone mineral density: a Bayesian meta-analysis. Am J Clin Nutr 2009;90:943-50.
13. Fraser GE. Vegetarian diets: what do we know of their effects on common chronic diseases? Am J Clin Nutr 2009;89:1607S-1612S.
14. Craig WJ, Mangels AR. Position of the American Dietetic Association: vegetarian diets. J Am Diet Assoc 2009;109:1266-82.
15. Chan J, Jaceldo-Siegl K, Fraser GE. Serum 25-hydroxyvitamin D status of vegetarians, partial vegetarians, and nonvegetarians: the Adventist Health Study-2. Am J Clin Nutr 2009;89:1686S-1692S.
16. Barnard ND, Katcher HI, Jenkins DJ, Cohen J, Turner-McGrievy G. Vegetarian and vegan diets in type 2 diabetes management. Nutr Rev 2009;67:255-63.
17. Kornsteiner M, Singer I, Elmadfa I. Very Low n-3 Long-Chain Polyunsaturated Fatty Acid Status in Austrian Vegetarians and Vegans. Ann Nutr Metab 2008;52:37-47.
18. Ströhle A, Waldmann A, Wolters M, Hahn A. [Vegetarian nutrition: Preventive potential and possible risks. Part 1: Plant foods]. Wien Klin Wochenschr 2006;118:580-93.
19. Mann N, Pirotta Y, O'Connell S, Li D, Kelly F, Sinclair A. Fatty acid composition of habitual omnivore and vegetarian diets. Lipids 2006;41:637-46.
20. Key TJ, Appleby PN, Rosell MS. Health effects of vegetarian and vegan diets. Proc Nutr Soc 2006;65:35-41.
21. Rosell MS, Lloyd-Wright Z, Appleby PN, Sanders TA, Allen NE, Key TJ. Long-chain n-3 polyunsaturated fatty acids in plasma in British meat-eating, vegetarian, and vegan men. Am J Clin Nutr 2005;82:327-34.
22. Hronek M, Kudlackova Z. [Deficient intake of nutrients and the resulting health complications in vegetarians in the course of pregnancy and lactation]. Ceska Gynekol 2005;70:161-4.
23. Koebnick C, Hoffmann I, Dagnelie PC, et al. Long-term ovo-lacto vegetarian diet impairs vitamin B-12 status in pregnant women. J Nutr 2004;134:3319-26.
24. Sabate J. The contribution of vegetarian diets to health and disease: a paradigm shift? Am J Clin Nutr 2003;78:502S-507S.
25. Rajaram S. The effect of vegetarian diet, plant foods, and phytochemicals on hemostasis and thrombosis. Am J Clin Nutr 2003;78:552S-558S.
26. Key TJ, Appleby PN, Davey GK, Allen NE, Spencer EA, Travis RC. Mortality in British vegetarians: review and preliminary results from EPIC-Oxford. Am J Clin Nutr 2003;78:533S-538S.
27. Jenkins DJ, Kendall CW, Marchie A, et al. Type 2 diabetes and the vegetarian diet. Am J Clin Nutr 2003;78:610S-616S.
28. Hunt JR. Bioavailability of iron, zinc, and other trace minerals from vegetarian diets. Am J Clin Nutr 2003;78:633S-639S.
29. Herrmann W, Schorr H, Obeid R, Geisel J. Vitamin B-12 status, particularly holotranscobalamin II and methylmalonic acid concentrations, and hyperhomocysteinemia in vegetarians. Am J Clin Nutr 2003;78:131-6.

QUELLEN
UND SEKUNDÄRLITERATUR.

30. Haddad EH, Tanzman JS. What do vegetarians in the United States eat? Am J Clin Nutr 2003;78:626S-632S.
31. Davis BC, Kris-Etherton PM. Achieving optimal essential fatty acid status in vegetarians: current knowledge and practical implications. Am J Clin Nutr 2003;78:640S-646S.
32. Antony AC. Vegetarianism and vitamin B-12 (cobalamin) deficiency. Am J Clin Nutr 2003;78:3-6.
33. Hung CJ, Huang PC, Lu SC, et al. Plasma homocysteine levels in Taiwanese vegetarians are higher than those of omnivores. J Nutr 2002;132:152-8.
34. Bissoli L, Di Francesco V, Ballarin A, et al. Effect of vegetarian diet on homocysteine levels. Ann Nutr Metab 2002;46:73-9.
35. Appleby PN, Davey GK, Key TJ. Hypertension and blood pressure among meat eaters, fish eaters, vegetarians and vegans in EPIC-Oxford. Public Health Nutr 2002;5:645-54.
36. Perry CL, McGuire MT, Neumark-Sztainer D, Story M. Characteristics of vegetarian adolescents in a multiethnic urban population. J Adolesc Health 2001;29:406-16.
37. Muller H, de Toledo FW, Resch KL. Fasting followed by vegetarian diet in patients with rheumatoid arthritis: a systematic review. Scand J Rheumatol 2001;30:1-10.
38. Hua NW, Stoohs RA, Facchini FS. Low iron status and enhanced insulin sensitivity in lacto-ovo vegetarians. Br J Nutr 2001;86:515-9.
39. Herrmann W, Schorr H, Purschwitz K, Rassoul F, Richter V. Total homocysteine, vitamin B(12), and total antioxidant status in vegetarians. Clin Chem 2001;47:1094-101.
40. de Mello Meirelles C, da Veiga GV, de Abreu Soares E. Nutritional status of vegetarian and omnivorous adolescent girls. Nutrition Research 2001;21:689-702.

Leseempfehlungen rund um die LOGI-Methode und um den gesunden Lebensstil.

LOGI-METHODE.
Glücklich und schlank.
Mit viel Eiweiß und dem richtigen Fett. Das komplette LOGI-Basiswissen. Mit umfangreichem Rezeptteil.

Dr. Nicolai Worm

978-3-927372-26-9 **19,90 €**

LOGI-METHODE.
Vegetarisch kochen mit der LOGI-Methode.
LOGI ohne Fisch und Fleisch? Na klar! 80 innovative und kreative LOGI-Veggie-Rezepte. Wenige Kohlenhydrate – glutenfrei!

Susanne Thiel | Dr. Nicolai Worm

978-3-927372-80-1 **19,95 €**

LOGI-METHODE.
Das große LOGI-Back- und Dessertbuch.
Über 100 raffinierte Dessertrezepte, die Sie niemals für möglich gehalten hätten. So macht Leben nach LOGI noch mehr Spaß! Mit ausführlichem Stevia-Extrakapitel.

Franca Mangiameli | Heike Lemberger

978-3-927372-66-5 **19,95 €**

LOGI-METHODE.
Das große LOGI-Kochbuch.
120 raffinierte Rezepte zur Ernährungsrevolution von Dr. Nicolai Worm. Mit exklusiven LOGI-Kompositionen der Spitzenköche Alfons Schuhbeck, Vincent Klink, Ralf Zacherl, Christian Henze und Andreas Gerlach.

Franca Mangiameli

978-3-927372-29-0 **19,95 €**

LOGI-METHODE.
Das neue große LOGI-Kochbuch.
120 neue Rezepte – auch für Desserts, Backwaren und vegetarische Küche. Jede Menge LOGI-Tricks und die klügsten Alternativen zu Pizza, Pommes und Pasta.

Franca Mangiameli | Heike Lemberger

978-3-927372-44-3 **19,95 €**

LOGI-METHODE.
Abnehmen lernen.
In nur zehn Wochen!
Das intelligente LOGI-Power-Programm zur dauerhaften Gewichtsreduktion. Mit diesem Tagebuch werden Sie Ihr eigener LOGI-Coach!

Heike Lemberger | Franca Mangiameli

978-3-927372-46-7 **18,95 €**

LOGI-METHODE.
LOGI durch den Tag.
Kombinieren Sie Ihren LOGI-Abnehmplan aus 50 Frühstücken, 50 Mittagessen und 50 Abendessen. Maximale Sättigung mit weniger als 1.600 Kalorien und 80 Gramm Kohlenhydraten pro Tag!

Franca Mangiameli

978-3-927372-79-5 **29,95 €**

LOGI-METHODE.
Die LOGI-Akademie.
LOGI lehren – LOGI verstehen. Ein Leitfaden zur Patientenschulung und zum Selbststudium.

Franca Mangiameli

978-3-927372-59-7 **48,00 €**

LOGI-METHODE.
Das LOGI-Menü.
Logisch kombiniert: 50 Vorspeisen, 50 Hauptgerichte, 50 Desserts.

Franca Mangiameli

978-3-927372-60-3 **29,95 €**

systemed verlag

Gesund durch Stress!
Wer reizvoll lebt, bleibt länger jung!
Hans-Jürgen Richter | Dr. Peter Heilmeyer
978-3-927372-42-9 **15,95 €**

Heilkraft D.
Wie das Sonnenvitamin vor Herzinfarkt, Krebs und anderen Zivilisationskrankheiten schützt.
Dr. Nicolai Worm
978-3-927372-47-4 **15,95 €**

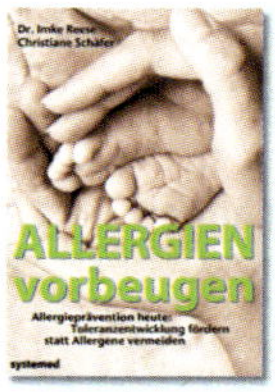

Allergien vorbeugen.
Allergieprävention heute. Schwangerschaft und Säuglingsalter sind entscheidend!
Dr. Imke Reese | Christiane Schäfer
978-3-927372-50-4 **14,95 €**

Mehr Infos zu den aktuellen Titeln, zum Programm, zu den Autoren und zu weiteren Neuerscheinungen finden Sie im Internet auf www.systemed.de.

Trendthema Yoga im systemed Verlag: auch mit wenig Zeit zum perfekten Übungsergebnis. Mit Brahmadev Marcel Anders-Hoepgen.

Brahmadev Marcel Anders-Hoepgen praktiziert Yoga und Meditationstechniken schon seit früher Kindheit. Nach dem Studium der Musik konzertierte er viele Jahre als klassischer Gitarrist. Yoga und Meditation halfen ihm sehr bei dem Umgang mit Stress und Lampenfieber. Sein Verlangen, diese Lehre in ihrer Tiefe zu ergründen wurde so groß, dass er seinen Beruf als Musiker aufgab und der Einladung seines Gurus Shri Yogi Hari folgte, bei ihm zu leben und zu lernen. Seitdem widmet er sein ganzes Leben dem Yoga. 2004 verlieh ihm Shri Yogi Hari den Titel »Sampoorna Yoga Meister«.

Das Hatha Yoga Lehrbuch.
Sampoorna Hatha Yoga, Perfektion in Bewegung. Die 150 schönsten Übungen.
Marcel Anders-Hoepgen
978-3-927372-53-5 **29,95 €**

- **Sampoorna Hatha Yoga Stunde** (DVD)
  978-3-927372-64-1 **17,95 €**
- **Sampoorna Hatha Yoga Stunde** (CD)
  978-3-927372-65-8 **14,95 €**

NEU

- **Sonnengruß, Teil 1** (DVD + CD)
  Das perfekte Workout
  978-3-927372-77-1 **16,95 €**

NEU

Yoga: Jeden Tag neu!
Über 100.000 mögliche Kombinationen für Übungseinheiten à 5 bis 10 Minuten.
Marcel Anders-Hoepgen
978-3-927372-69-6 **28,00 €**

- **Kraft tanken.** (CD) **Entspannung für den Tag.**
  978-3-927372-61-0 **9,95 €**
- **Gut schlafen.** (CD) **Entspannung für die Nacht.**
  978-3-927372-62-7 **9,95 €**
- **Augenentspannung** (CD)
  978-3-927372-71-9 **8,95 €**
- **Gleichgewicht** (CD)
  978-3-927372-72-6 **8,95 €**
- **Nackenentspannung** (CD)
  978-3-927372-70-2 **8,95 €**
- **Oberen Rücken stärken** (CD)
  978-3-927372-73-3 **8,95 €**
- **Unteren Rücken stärken** (CD)
  978-3-927372-74-0 **8,95 €**
- **Bauchmuskulatur stärken** (CD)
  978-3-927372-75-7 **8,95 €**

systemed Verlag · Kastanienstraße 10 · D-44534 Lünen
Telefon: 02306 63934 · Telefax: 02306 61460 · faltin@systemed.de

Redaktion: systemed Verlag, Lünen
systemed GmbH, Kastanienstraße 10, 44534 Lünen

Fotografie: Studio L'Eveque, München

Gestaltung und Satz: A flock of sheep, Lübeck
www.flock-of-sheep.com

Druck: W. Kohlhammer Druckerei, Stuttgart
ISBN: 978-3-927372-80-1

LOGI im Internet: www.logi-methode.de
www.systemed.de

1. Auflage

Hinweis. Alle Informationen und Hinweise, die in diesem Buch enthalten sind, wurden von den Autoren nach bestem Wissen erarbeitet und von ihnen und dem Verlag mit größtmöglicher Sorgfalt überprüft. Unter Berücksichtigung des Produkthaftungsrechts müssen wir allerdings darauf hinweisen, dass inhaltliche Fehler und Auslassungen nicht völlig auszuschließen sind. Für etwaige fehlerhafte Angaben können die Autoren, Verlag und Verlagsmitarbeiter keinerlei Verpflichtung und Haftung übernehmen. Korrekturhinweise sind jederzeit willkommen und werden gerne berücksichtigt.

LOGI
NACH DR. WORM
—BY SYSTEMED—

systemed
verlag